Voll aufs Maul

Die ungesunde Lesereise des bedauernswerten Literaten Paul Schmerz

Ein Machwerk,
basierend auf unwahren Begebenheiten

Florian Göttler

erschienen im 3H-Verlag

Bibliografische Information der Deutschen Bibliothek

Die Deutsche Bibliothek verzeichnet diese Publikation in der Deutschen Nationalbibliografie; detaillierte bibliografische Daten sind im Internet über http://dnb.ddb.de abrufbar.

Florian Göttler

Voll aufs Maul -

Die ungesunde Lesereise des bedauernswerten Literaten Paul Schmerz

ISBN:	978-3981859072
Lektorat:	Cornelia Wilhelm, Nina Praun
Coverdesign:	creationell – Die Werbeagentur.
Satz & Layout:	Daniel Reitmeier
Druck:	Druckerei Mayer & Söhne, Aichach

Alle Rechte vorbehalten

1. Aufl. 2017, Augsburg

© 3 H group GmbH

URL: www.3h-verlag.de

Inhalt

Am Windrad 11

Polnisches Rudern 15

Hemingway 23

Chapatuwattl 27

Große Zukunft 35

Die Robert-Verformung 37

Royal Revolution 57

Koriander 65

Das Trauerspiel 71

Epic Fail 77

Abduls Strandbar 83

Mitarbeiter Nr. 26 89

Land der nackten Frauen 97

Brooklyn Girl 101

Expedition ins Tierreich 119

Am Wasserloch 121

Zu viele Inder 129

Die Oberland-Anfrage 147

Der zehnte Mann 149

Nachspiel 157

Epilog 163

WARNUNG

Dieses Buch enthält: sinnlose Gewalt, üble Knochenbrüche, perfide Morde, exzessiven Drogenkonsum, Schimpfwörter und ellenlange Verwünschungen von gröbster Derbheit, wie man sie sonst nur an Wirtshausstammtischen zu hören bekommt, wenn über Ausländer oder langjährige Ehefrauen hergezogen wird. Zudem beinhaltet es Figuren, insbesondere Frauen, die in diskriminierender Art und Weise auf ihr Äußeres reduziert werden, sowie pauschalisierende Darstellungen von Volksgruppen überwiegend bayerisch-oberländischer und ostdeutscher Provenienz. In diesem Buch wird definitiv zu viel getrunken, gekifft und geflucht und zu selten gebumst.

Am Windrad

„Mann, wir spielen doch bald oben am Windrad. Aber wir haben immer noch keinen, der mitmacht", klagt Hettie. Wir sitzen im Hof des Café Gramsci. Hettie ist die Sängerin der Band Hettie und die Bang Brothers. Das ist die Kultband überhaupt in meiner Heimatstadt. Die Band veranstaltet alle paar Monate einen sogenannten „Bunten Salon". Das ist eine Art Mitmachkonzert. Die Musiker spielen ein paar Songs, und zwischendurch treten andere Künstler oder, bei akutem Künstlermangel, einfach nur Freunde der Band auf. Sie lesen etwas vor, machen Improvisationstheater oder basteln Origamifiguren. Alles ist erlaubt, Hauptsache es macht Laune und ist einigermaßen unterhaltsam und skurril. Sebastian, ein Herr Doktor und auch sonst ein gescheiter Mensch, hat mal Blechkuchen verteilt. Kam super an beim Publikum. „Wir haben immer noch keinen, der mitmacht", nölt Hettie wieder. Sie ist Sozialpädagogin. Das heißt, wenn ihr nicht bald jemand Feedback gibt, dann nörgelt sie den ganzen Abend. Kann sein, dass ich schon ein oder zwei Bier zu viel habe, jedenfalls höre ich mich sagen: „Ich hab` mal einen Text geschrieben. Den könnte ich vorlesen." Hettie strahlt: „Super. Dann bist du dabei." Punkt. Erledigt. Engagiert.

Zwei Wochen später stapfe ich den sanften Hügel zum Windrad hinauf. Es steht am Rand eines winzigen Wäldchens nördlich von Dachau. Hier im waldärmsten Landkreis Bayerns zählt jeder Busch, über den man nicht drüber pissen kann, schon als Wald. Zwischen den wenigen Bäumen bauen Hettie, Norbert, Robert und Schmitt ihre Instrumente auf. Hier also werde ich zum ersten Mal in meinem Leben einen meiner Texte vorlesen. Was heißt eigentlich einen meiner Texte? Es ist mein einziger Text. Klar, ich finde, er ist ganz ordentlich, sonst hätte ich ihn nicht zwei oder drei Jahre lang aufgehoben. Aber ihn jetzt tatsächlich vor Publikum vorzutragen, das macht mich schon ziemlich nervös. Was, wenn keiner lacht? Wenn kein Schwein klatscht? Ach, scheißt der Hund drauf. Die Leute klatschen eigentlich immer. Ich erinnere mich an meine Zeit als Lokaljournalist. Da musste ich hin und wieder über Lesungen in der Stadtbücherei berichten. Damals haben die Leute auch immer artig geklatscht. Jedenfalls die, die am Ende noch da waren und vom kostenlosen Wein so viel in sich hineingeschüttet hatten, dass sie selbst den größten Schrott für gut befunden hätten. Wird schon gutgehen, sage ich mir. Zumal ich meinen Text in einen pseudo-intellektuellen Mantel gewandet und mit einer stattlichen Prise Gutmenschentum überzuckert habe. Bei sowas klatschen eigentlich immer alle. Denn wer nicht klatscht, muss befürchten, dass die anderen denken, er hätte es nicht kapiert oder sei ein bösartiger Mensch. Aber fuck, trotzdem habe ich die Hosen gestrichen voll.

Allmählich trudeln die Gäste ein. Als die Band ihre

ersten Chords und Bassläufe in den rot glühenden Abend-himmel zimmert, sitzen etwa 40 Leute gemütlich auf Decken im Gras und trinken kühles Augustiner und mitgebrachten Wein. Nach fünf Songs ruft mich Hettie nach vorne. Artig stehe ich auf und gehe zum Mikrofon. „Ja, dann mal guten Abend, die Herrschaften, ich bin der Paul", sage ich und beginne zu lesen.

Polnisches Rudern

Als ich noch jung war, also richtig jung und klein, ein Kind quasi, da gab es nur einen einzigen Fernseher. Na ja, das stimmt nicht. Es gab mehrere Fernseher. Sogar Millionen und Abermillionen. Aber in der Wohnung, in der ich jung und klein war, da gab es nur einen Fernseher. Es war die Zeit, in der es überhaupt in jeder Wohnung nur einen Fernseher gab und nicht wie heute in jedem Zimmer einer jeden Wohnung mindestens einen. Ich behaupte nicht, dass das jene viel beschworene gute alte Zeit war, in der alles besser war, und in der so viele glauben, dereinst gelebt zu haben, und heute AfD wählen. Im Gegenteil. Ich halte es für eine großartige Errungenschaft unserer Gesellschaft, dass sich die meisten Leute heutzutage mehrere Fernseher leisten können. Ich behaupte: Viele Fernseher sind gut für die Welt. Zum einen für die vielen Menschen in diesem Asien, die dort Fernseher zusammenbauen und damit ihren Lebensunterhalt bestreiten. Manchmal sind das Kinder, aber das variiert von Hersteller zu Hersteller und von Asien zu Asien. Zum anderen sind viele Fernseher auch gut für jene Menschen, die diese kaufen und in ihre Mehrzimmerwohnungen stellen. Wegen der Beziehungen.

Ich habe von einer Studie gelesen, ich weiß nicht mehr

15

genau, ob in einer seriösen Zeitung oder auf Focus Online, jedenfalls stand da, dass Beziehungen in Haushalten, die über mehr als ein Fernsehgerät verfügen, durchschnittlich drei Jahre länger halten als Partnerschaften in Ein-Fernseher-Haushalten. Ich persönlich kann das bestätigen. Ich habe stets in Ein-Fernseher-Haushalten gelebt, und jede meiner Beziehungen ist gescheitert. Womöglich hätte ich es mit der einen oder anderen Frau ein klein wenig länger ausgehalten, oder sie mit mir, wenn wir zwei Fernseher gehabt hätten. Vielleicht hätten wir dann die von der Statistik behaupteten drei Jahre mehr geschafft.

Trotzdem ist diese Studie natürlich gewaltiger Unsinn. Schimpfen Sie mich einen unverbesserlichen Romantiker, aber ich bin fest davon überzeugt, dass Ein-Fernseher-Haushalte gut für die Beziehung sind. Das hat einen simplen, ja animalischen Grund. Wie soll ich das beschreiben in einem Text, der für Kinder ab zwölf Jahren geeignet sein soll? Ich probier´s mal ganz vorsichtig: In Ein-Fernseher-Haushalten wird wesentlich häufiger gebumst. Szenario: Es ist Mittwochabend und der großartige FC Bayern München spielt in der Champions League gegen das fußballerisch durchaus als begabt zu bezeichnende Real Madrid. Gleichzeitig bringt 3sat oder Arte oder irgendein anderer Intellektuellen-Sender eine Dokumentation über Kinderarbeit in einem dieser Asien. Der Mann will natürlich unbedingt die Doku sehen und die Frau den Fußball. Na gut. Wahrscheinlich eher andersrum. Denn zugegeben: Es sind dann doch meistens die Männer, die Cristiano Ronaldo dabei zusehen wollen, wie er einem Ball hinterher rennt, während die Frauen sich um die Kinderarbeit kümmern. Wie verläuft also ein Abend in Haushalten mit zwei Fernsehern? Der Mann legt sich gemütlich auf die Couch und schaut Fußball. Die Frau verzieht sich also ins Schlafzimmer zu Fernseher Nummer zwei und behauptet, sie gehe die Doku schauen, aber eigentlich guckt sie Frauentausch oder Germanys Next Topmodel. Hab dich lieb, Bussi und bis später.

Der Fußball ist von der ersten Minute an ein großartiges Spektakel: Fünf Tore, ein gutes Dutzend übler Fouls, zwei rote Karten, ein nackter Flitzer mit erfreulich kleinem Penis, drei Rudelbildungen und ein sehenswert brutales Linienrichter-Niederschmettern. Und es ist noch nicht mal Halbzeit. Das Spiel ist so nervenaufreibend, dass der Mann in der Pause zum Kühlschrank geht und sein drittes Beruhigungsbier holt. Der weitere Spielverlauf spielt jetzt mal keine Rolle. Jedenfalls geht das Match in die Verlängerung und ins Elfmeterschießen. Natürlich gewinnt am Ende der großartige FC Bayern München. Der Müller halt mal wieder. Die Anzahl der vom Mann getrunkenen Biere beläuft sich inzwischen auf sechs bis acht. Währenddessen im Schlafzimmer: Die Dokumentation oder Frauentausch oder Heidi Klum stellt sich als so langweilig und oberflächlich heraus, dass die Frau einschläft. Dem Mann auf der Couch passiert irgendwann das Gleiche. Eigentlich wollte er nur noch die Spielanalyse mit Olli Kahn anschauen und anschließend sofort ins Bett zu seiner Frau zum Kuscheln. Eigentlich. Am nächsten Morgen wachen beide in getrennten Zimmern auf. Er verkatert. Sie beleidigt. Beide ungebumst.

Stellen wir uns dieselbe Konstellation in einem

17

Ein-Fernseher-Haushalt vor. Fußball schauen oder Kinderarbeit oder Frauentausch oder Heidi Klum? Egal, worauf sich Mann und Frau einigen: Entweder er oder sie ist irgendwann günstigstenfalls gelangweilt, wesentlich wahrscheinlicher aber genervt von dem, was der Fernseher zeigt. Also beginnt der oder die vom Fernsehprogramm Gelangweilte oder Genervte aus Mangel an Alternativen am Partner herum zu fummeln. Was schließlich dazu führt, dass der oder die Befummelte mit der Zeit ebenfalls geil wird und zurück fummelt. Meistens endet so etwas in einem wilden Rumbumsen auf der Couch. Und das hat mit Sicherheit noch keiner Beziehung geschadet. Ein-Fernseher-Haushalte sind daher also gut für die Beziehung. Aber auf das wollte ich verdammt nochmal gar nicht hinaus, sondern auf etwas ganz anderes.

Eigentlich wollte ich ja nur sagen, dass wir damals, als ich jung und klein war, nur einen Fernseher hatten. Und in dem liefen nur fünf Programme: Das Erste, das Zweite, das Dritte, das Vierte und das Fünfte. Die beiden letzteren waren die Österreicher, und da liefen im Winter immer nur Skirennen und im Sommer Niki Lauda oder Heimatlieder. Dass bei mir zu Hause nur diese fünf Programme liefen, lag nicht etwa an einer falsch justierten Antenne, sondern schlichtweg an der simplen Tatsache, dass es damals einfach nicht mehr Fernsehsender gab. Das hat sich inzwischen bekanntlich geändert. Und hey, liebe „Früher-war-alles-besser"-Facebook-Poster, steinigt mich, aber ich bin der Meinung: Das ist verdammt gut so, was vor allem an einem großartigen TV-Sender namens

Eurosport liegt. Denn der berichtet auch über Sportarten, deren Existenz uns die öffentlich-rechtlichen Sender über Jahrzehnte hinweg geflissentlich verheimlicht haben. Ihr alle wisst sicher, auf welche Sportart ich hinaus will: Polnisches Rudern.

Beim Polnischen Rudern handelt es sich um eine Sportart, die dem klassischen Rudern, wie wir es kennen, recht ähnlich ist: Zwei Mannschaften paddeln im Wasser um die Wette. Der Unterschied: Beim Polnischen Rudern befinden sich beide Teams im selben Boot. Die Kontrahenten sitzen in einem langen Ruderboot inmitten eines Schwimmbeckens einander gegenüber, und wenn der Schiedsrichter pfeift, beginnen alle wie die Wilden zu paddeln, als ginge es um ihr Leben. Irgendeinem Newtonschen Gesetz folgend, bewegt sich das Boot kaum von der Stelle, und tut es das irgendwann doch, weil eines der beiden Teams tüchtiger und ausdauernder paddelt als das andere, hat es gewonnen.

Es stellt sich die Frage: Warum haben uns die öffentlich-rechtlichen Fernsehsender die Existenz einer derart mitreißenden Sportart so lange vorenthalten? Da steckt doch System dahinter! Und immer dann, wenn das System dahintersteckt, sind das entweder die fiesen Politiker, die gierige Wirtschaft oder irgendwelche religiösen Fanatiker. Die religiösen Fanatiker schließe ich in diesem Fall einfach mal aus, weil in den heiligen Schriften sämtlicher Weltreligionen keinerlei Hinweise auf ein spirituelles Ritual namens Polnisches Rudern zu finden sind. Bei der Wirtschaft bin ich mir nicht ganz sicher: Es gibt zwei Industriezweige, auf deren Einfluss die nicht vorhandene Berichterstattung der öffentlich-rechtlichen Fernsehsender zurückzuführen sein könnte. Da wären erstens die Hersteller von Ruderbecken. Diese sind natürlich existenziell daran interessiert, weiterhin kilometerlange Ruderbecken zu bauen. Die Erkenntnis, dass man Ruderwettbewerbe auch in kleinen Schwimmbecken veranstalten könnte, würde unweigerlich zur Vernichtung der gesamten Ruderbeckenbauindustrie führen, inklusive der zahlreichen Zulieferbetriebe. Und zweitens sind da noch diese gierigen Ruderbootbauer. Der Absatz von Ruderbooten würde nämlich um exakt 50 Prozent einbrechen, setzte sich die Überzeugung durch, dass sich Ruderwettbewerbe künftig mit nur einem Boot durchführen ließen. Die Ruderbeckenbauer und die Ruderbootbauer könnten also durchaus dahinterstecken. Tatsächlich dürften sie aber unschuldig sein am medialen Boykott des Polnischen Ruderns. Ich jedenfalls bin mir sicher, dass niemand anderes als die gottverdammte Politik ihre dreckigen Finger im Spiel hat.

Polnisches Rudern birgt einfach viel zu viel soziale Sprengkraft. Denn Polnisches Rudern ist nichts anderes als ein Spiegel unserer Gesellschaft. Und den sollte ein Politiker seiner Wählerschaft nie im Leben vorhalten, es sei denn, er will auf Teufel komm raus nie, nie, niemals wiedergewählt werden. Polnisches Rudern verdichtet das Wohl und das Wehe der Menschheit in einen kleinen Swimmingpool: Wir alle sitzen in einem Boot. Wir alle rudern nach Leibeskräften und kommen nicht vom Fleck. Und wenn wir doch ein klein wenig vorankommen, dann geschieht das immer zum Nachteil der anderen. Was ich gewinne, das verlierst Du! Und noch schlimmer: Das, was Du gewinnst, das verliere ich! Nennt mich einen Narren, aber ich behaupte jetzt einfach mal: Würden die Fernsehsender mehr Polnisches Rudern übertragen, und zwar zur besten Sendezeit, dann würde ein Ruck durch unsere Gesellschaft gehen. Wir würden zu der Einsicht kommen, dass, da wir doch alle auf dieser Welt in einem Boot sitzen, wir alle gefälligst auch in dieselbe Richtung rudern sollten. Warum die Politiker verhindern wollen, dass wir zu dieser Erkenntnis kommen? Fragt mal die werten Herren der Rüstungsindustrie.

Es könnte allerdings auch sein, dass das mediale Desinteresse am Polnischen Rudern ganz andere Gründe hat. Ich gebe zu: Es könnte tatsächlich sein, dass diese Sportart einfach kein Schwein interessiert. Dass es nur diejenigen begeistert, die im Boot sitzen, und vielleicht noch deren Freundinnen. Wegen der Muskeln und dem Sixpack und so. Aber ich bin mir sicher: Würde das öffentlich-rechtliche Fernsehen statt Spielen wie die des großartigen FC Bayern München gegen das begabte Real Madrid mittwochabends Polnisches Rudern übertragen, dann würden sich die Menschen in Ein-Fernseher-Haushalten deutlich öfter näherkommen als ohnehin schon. Also auch wenn Polnisches Rudern nicht das Potenzial zur Entfachung der Weltrevolution birgt: Für Love, Peace and Happiness auf der Couch taugt es allemal.

Hemingway

Bling bling. Nachricht von Robert, dem Pianisten von Hettie und den Bang Brothers. Er schreibt: „Ahh, hab vergessen, Dir heute beim Mittagessen zu sagen: Ich soll Dich jetzt offiziell fragen, ob Du mit uns bei den Herbstkonzerten auftreten willst. Hettie wünscht sich aber eine neue Geschichte, weil das mit der Polnischen Ruderei nicht in unser neues Programm passt. Hettie sagt, die neue Geschichte muss genauso gut sein oder noch besser. Mir persönlich ist´s eher wurscht. Hauptsache, sie ist nicht ganz scheiße. Bist Du dabei?"

Was für eine Frage? Natürlich bin ich dabei! Aber ein neuer Text? Woher nehmen, wenn nicht stehlen? Bin ja kein Geschichtenautomat. Ist denn eine Geschichte nicht genug für immerwährenden Ruhm und unermesslichen Reichtum? Scheiß Leistungsgesellschaft. Wohl oder übel muss ich mir also eine neue Geschichte ausdenken. Ist aber gar nicht so einfach, wenn man keine Zeit hat. Man muss ja schließlich nebenbei noch arbeiten. Und dann ist ab morgen auch noch zehn Tage lang Dachauer Volksfest. Da ist nix mit sich mal am Abend entspannt an den Laptop setzen und gemütlich eine Geschichte schreiben. Da stempelt man am späten Nachmittag aus und nichts wie runter aufs Volksfest und rein ins große Bierzelt auf drei, vier Maß. Danach noch zur After-Volksfest-Party in den Kochwirt oder in die Schranne. Macht nochmal vier, fünf Gin Tonic. Keine Kraft, keinen Kopf und keine Zeit für die Schriftstellerei. Aber denk positiv, Mann. Im September hast Du Urlaub. Karibik! Da hat schon der Hemingway gesoffen und geschrieben. Dann kann ich das ja auch mal machen.

Also sitze ich in der Dominikanischen Republik in einer Bar, trinke abwechselnd Bier und Mamajuana und muss mir unbedingt irgendetwas über Schönheitssalons einfallen lassen. Denn die Herbstkonzerte der Band stehen unter genau diesem Motto. Blöde Sache. Schaut mich an, Leute! Ich hab` noch nie einen Schönheitssalon von innen gesehen! Vierter Urlaubstag und noch keine Zeile geschrieben. Verzweiflung und Alkoholpegel schaukeln sich gegenseitig auf.

Als ich in meinem Hotelzimmer aus tiefer Bewusstlosigkeit erwache, dröhnt es in meinem Schädel. Der Geschmack in meinem Mund lässt vermuten, dass mir jemand in der Nacht eine verweste Ratte in den Rachen gestopft hat. Ich ekle mich vor mir selbst. An gestern Nacht kann ich mich nicht erinnern. Neben mir im Bett liegt eine nackte Frau. Sie ist so heiß wie Käseknacker frisch vom Grill. Wunderschön. Makellos. Abgesehen davon, dass sie gar nicht da ist. Neben mir liegt mal wieder keine Frau, sondern nur mein Schreibblock. Offenbar habe ich gestern in der Bar noch etwas zu Papier gebracht. Kann mich nicht erinnern. Mal nachsehen. Ich gehe ins

Bad, pisse minutenlang, wanke weiter zur Hausbar, öffne ein kaltes Konterbier, trinke einen großen Schluck, lege mich aufs Bett, und nachdem sich mein Puls von dieser morgendlichen Anstrengung beruhigt hat, beginne ich zu lesen:

„Auch von mir ein herzliches Willkommen im Schönheitssalon." Aha, das ist also meine Einleitung, nachdem ich von Hettie auf die Bühne gerufen werde. „Mein Name ist Doc Holliday und ich bin heute für den historischen Teil des Abends verantwortlich." Hoppla, habe offenbar die Persönlichkeit gewechselt. Gestatten, Paul Schmerz, Gestaltwandler. „Machen wir uns also gemeinsam auf. Gehen Sie mit mir auf eine Zeitreise. Erkunden Sie mit mir die Entstehungsgeschichte der wunderbaren Einrichtung Schönheitssalon." Ich nehme noch einen Schluck Bier und lese weiter.

Chapatuwattl

Paris, möchte man sagen, wenn man gefragt wird, wo denn einst die Wiege des Schönheitssalons stand. Natürlich Paris, wo jahrhundertelang die gepuderten und parfümierten Hofdamen entlang der Seine lustwandelten und später so süße Schnittchen wie die Gainsbourg-Weiber und die Carla Bruni. Oder stand die Wiege des Schönheitssalons bereits im antiken Griechenland, im alten Athen, wo sich so sagenhafte Schlampen wie Aphrodite die Nägel machen ließen und die schöne Helena von Troja die Bikinizone?

Nein, liebe Leut`, wenn wir den ersten Schönheitssalon der Welt suchen, dann müssen wir ganz woanders hin: Nach Amerika, mitten hinein in den wilden Wilden Westen des Jahres 1823, und zwar an einen Ort namens Chapatuwattl, dorthin, wo der Grand River in den Missouri mündet. Hinein also in eine Zeit und an einen Ort, wo Äußerlichkeiten wie lange Wimpern und gezupfte Augenbrauen eher weniger gefragt waren. Gefragt waren andere Qualitäten: Kann jemand hinterlistige Biberfallen bauen? Kann jemand ein Kanu geschickt durch Stromschnellen befördern und eine Rothaut möglichst treffsicher in die ewigen Jagdgründe?

Ja, das waren die Qualitäten, die gefragt waren, damals

am Missouri. Es waren harte Zeiten. Es waren die goldenen Zeiten der Rocky Mountain Fur Company, oder ein bisschen deutscher: die Zeiten der Rocky Mountain Fell-Firma. In deren Diensten stand damals ein Mann namens Hugh Glass, ein Trapper und Fährtensucher vor dem Herrn. Der Mann konnte hunderte Meilen auf einem Gaul reiten ohne mit der Arschbacke zu zucken. Er konnte verschiedene Indianerstämme anhand ihrer Fußspuren erkennen. Er konnte bei Schneesturm Feuer machen, und wo auch immer er mit seinem Vorderlader hinzielte, da schlug es wenig später auch ein. Er konnte auf 500 Meter Entfernung einen Hirsch wittern, und böse Zungen behaupten, der Hirsch auch ihn. Denn Hugh Glass legte auf Sekundärtugenden wie Kleiderwechsel und Waschen eher weniger Wert. Hugh Glass, so erzählte man sich damals, stank wie ein Bär und vor allem seine Füße rochen wie überreifer Camembert. Nun ist dieser Hugh Glass, dieser wie ein Bär stinkende Mann, damals im Wilden Westen leider tatsächlich einem waschechten Bären begegnet. Und genau dort an jenem Flussufer, an dem Hugh Glass und der Bär ihre Wege kreuzten, nahm die Entstehungsgeschichte des Schönheitssalons ihren Anfang. Woher ich das weiß? Nennen Sie mich einen Lügner, aber Hugh Glass hat es mir selbst erzählt.

Der tapfere Glass durchstreifte gerade eine Waldlichtung auf der Suche nach einem Lagerplatz für einen Trupp Trapper, mit dem er am Grand River auf Biberjagd war. Plötzlich sprang ein gewaltiger Grizzlybär aus dem Unterholz und dem guten Hugh an die Kehle. Glass konnte noch einen Schuss auf den Angreifer abgeben, aber bevor das Ungetüm der Schussverletzung erlag, zerfetzte es dem Schützen mit seinen messerscharfen Zähnen und gewaltigen Klauen die Kehle, die Brust und das Gesicht. Wenige Minuten später entdeckten die Trapper ihren Kameraden, der bewusstlos in seinem eigenen Blut auf der Wiese lag und keinen Mucks mehr machte. Die Trapper ließen Glass an Ort und Stelle liegen, denn dieser sah nun endlich so aus, wie er schon immer gerochen hatte: ziemlich widerlich und ziemlich tot.

(Dem berühmten Schauspieler Leonardo DiCaprio ist vor ein paar Jahren übrigens zufälligerweise genau das Gleiche passiert. Nein, er ist nicht wirklich von einem Bären zerfleischt worden. Er hat nur so getan, für einen Film. Und er hat so gut nur so getan, dass er von einem Bären zerfleischt wird, dass er dafür einen Oscar bekommen hat.)

Aber wie ging es nun mit Hugh Glass weiter? Schwer verletzt in der Wildnis zurückgelassen, robbte, kroch und humpelte Glass wochenlang den Grand River entlang nach Osten, wo hunderte Meilen entfernt ein Handelsposten lag, der den von mir bereits erwähnten Namen Chapatuwattl trug. Das ist irokesenindianisch und heißt soviel wie „das Pech haben, auf eine Klapperschlange zu treten". Nicht zu verwechseln mit dem nahegelegenen Dorf Chapatupronk, was heißt „das Pech haben, eine garstige Squaw im Wigwam zu haben". Die Irokesen kennen insgesamt über 60 verschiedene Formen von Pech.

Auf seinem langen Weg hatte sich Hugh Glass wider Erwarten einigermaßen berappelt und überstand sogar noch einen Angriff einer Handvoll Irokesen, indem er den Indianern behände den Garaus machte. Derartiges bezeichneten die Irokesen übrigens als „Chapatuka-bumm", was in etwa heißt „das Pech haben, einem grantigen Weißen mit Schießgewehr zu begegnen". Schließlich kam Glass völlig erschöpft in Chapatuwattl an. Und was machte man damals im Wilden Westen, nachdem man von einem Bären zerfleischt wurde, wochenlang Steppen durchkämmt und eine Indianerhorde um die Ecke gebracht hat? Klare Sache: Man geht schnurstracks in den Saloon.

Der Saloon in Chapatuwattl hieß „Tom`s Saloon". Irmi, die Betreiberin, war ein Bär von einer Frau, sechs Fuß groß und gut zwei Zentner schwer. Irmi war deutscher Herkunft. Sie hatte sich in jüngeren Jahren in Berlin mehr schlecht als recht als Hure verdingt. Aber mit jedem Jahr und jedem Speckröllchen, das sie sich gierig an den gewaltigen Wanst fraß, wurde ihr Einkommen spärlicher, bis sie sich eines Tages dazu entschloss, das Beinespreizen an den Nagel zu hängen, in die USA auszuwandern und dort gen Westen zu ziehen, um schließlich in Chapatu-wattl in Toms Saloon als Rausschmeißerin anzuheuern. Wenig später starb Tom an den Folgen einer akuten Bleivergiftung. Irmi, die sehr praktisch veranlagt war und das Leben nahm, wie es kam, führte den Saloon einfach weiter als wäre nichts gewesen. Das war etwa fünf Jahre zuvor, und seitdem hatte der windschiefe Schriftzug „Tom`s Saloon" über der Schwingtür geprangt.

Doch Irmi hatte endlich entschieden, einen Teil des Geldes, das Trapper und andere Glücksritter bei ihr in Whiskey umsetzten, in einen neuen Schriftzug zu investieren. Beim örtlichen Sargmacher, der bei Leichenmangel, was selten vorkam, auch als normaler Schreiner arbeitete, hatte sie den Schriftzug „Irmi`s Saloon" in Auftrag gegeben. Der Sargmacher war gerade dabei, die einzelnen Buchstaben auf einer Leiter balancierend über der Eingangstür zu montieren, als Hugh Glass unter der Leiter hindurch in den Saloon schritt.

Irmi stand hinterm Tresen, um wie immer einmal in der Woche, meistens freitags, die Gläser zu spülen, als Glass an die Bar trat und nach Wochen des Schweigens aus zerrissener Kehle krächzte: „Whiskey, einen doppelten." Irmi blickte von ihren Gläsern auf und sah einen mit Wunden übersäten, völlig entstellten, dreckigen, zerlumpten, langhaarigen, unrasierten und grauenhaft stinkenden Mann vor sich. „Whiskey", krächzte dieser noch einmal. „Ick gloob, den kannste jebrochen", berlinerte Irmi, goss ihrem Gast ein und widmete sich wieder ihren Gläsern. Dann aber spürte sie auf einmal ein warmes Gefühl hinter ihrem dicken Busen. In Irmi, der hartgesottenen Saloon-Betreiberin, der berüchtigten Rausschmeißerin, der dereinst fettesten Hure Berlins, regte sich ein Gefühl, das ihr bislang völlig unbekannt war: Fürsorge. Sie goss Glass noch einmal ein Glas ein, und als dieser gierig ausgetrunken hatte, packte sie ihn an der Hand und zog ihn ins Hinterzimmer. Dort ließ sie ihm ein heißes Bad ein, reinigte und versorgte seine Wunden, und wenn sie schon mal dabei war, rasierte sie ihn, wusch ihm das verfilzte Haar und verpasste ihm wieder so etwas wie eine Frisur. Das Ergebnis gefiel ihr nicht schlecht, also machte sie einfach weiter. Sie zupfte ihm die buschigen Augenbrauen, machte ihm die Nägel, quetschte gewaltige Mitesser aus und, und, und. Und ehe Irmi zu Hugh in die Badewanne stieg, stellte sie dessen nach altem Camembert stinkenden Lederstiefel draußen vor die Saloon-Tür.

Der beißende Geruch, der aus den Schuhen nach oben strömte, traf den Sargmacher, der gerade dabei war, das zweite O des Wortes Saloon über der Tür zu montieren, wie ein Schlag. Bewusstlos stürzte er von der Leiter. Das Genick, sowie das zweite O, das er in Händen gehalten hatte, brachen entzwei.

So, meine Damen und Herren, wurde aus Irmis Saloon mit zwei O Irmis Salon mit einem O, in dem fortan Trapper nicht nur ihren Whiskey tranken, sondern sich im Hinterzimmer von Irmi, die endlich ihre wahre Berufung gefunden hatte, die Fingernägel machen ließen oder die Augenbrauen oder was auch immer sonst noch Trappers Vorstellung von Schönheit verlangte. Mit der Rocky Mountain Fell-Firma ging es dagegen bald steil bergab. Die Trapper und Fallensteller waren es irgendwann leid, zottelbärtig und ungewaschen durchs Unterholz zu kriechen und sich beim Fallenstellen, Indianermassakrieren und Büffelhäuten die Nägel zu ruinieren. Irmis Salon aber prosperierte, und Irmi und ihr Ehemann Hugh

Glass wurden reich und glücklich. Er als Barkeeper und Geschichtenerzähler, nämlich seiner eigenen Geschichte, und Irmi als Kosmetikerin im Hinterzimmer.

Eines Tages kam auch ich nach Chapatuwattl in den Salon. Ich war noch ein junger Kerl, ein Greenhorn auf der Durchreise und auf der Suche nach Abenteuern und dem schnellen Geld. Und an der Bar in Irmis Salon erzählte mir Hugh Glass seine Geschichte. Als er geendet hatte, goss er mir einen doppelten Whiskey ein. „Der geht aufs Haus", krächzte Glass, und als er den Korken zurück in die Flasche drückte, fielen mir seine Hände auf. Hugh Glass hatte die saubersten Fingernägel, die mir jemals im Wilden Westen begegnet sind. Wir stießen an, tranken und schwiegen. Aus dem Hinterzimmer hörte man das leise Schaben einer Nagelfeile. Dann eine Männerstimme: „Mach noch ein wenig Glitzer drauf, Irmi." Hugh Glass grinste und trank.

Und was lernen wir aus dieser Geschichte? Vielleicht nichts. Oder aber vielleicht das: Wenn es sich, wie der totgeglaubte Hugh Glass bewiesen hat, lohnt, weiterzukämpfen, während andere längst denken, man sei verloren, und wenn, wie Irmi bewiesen hat, aus üblen Rausschmeißerinnen filigrane Kosmetikerinnen werden können, und wenn – und das meine ich jetzt fast ernst – wenn sich in unserer Welt die Erkenntnis durchsetzt, dass Geschichtenerzählen lukrativer ist als Fallenstellen, dann sind die Menschheit, die Natur und die Welt vielleicht doch noch nicht verloren. Aber wenn noch einmal irgendjemand auf die Idee kommt, aus einem Saloon einen Salon zu machen, dann bestelle ich einen Sargmacher. Und zwar nicht, um einen Schriftzug zu montieren.

Große Zukunft

Die Herbst-Auftritte sind ein riesiger Erfolg. Wobei das mit dem „riesig" und dem „Erfolg" natürlich relativ ist. Helene Fischer würde sich wahrscheinlich im Grab umdrehen bei der Vorstellung, vor 45 und 90 Leuten auftreten zu müssen. Was sagen Sie? Helene Fischer lebt? Und weniger als hundert Leute auf einem Konzert sind echt wenig? Da bin ich anderer Meinung. Wir jedenfalls sind total begeistert, dass es im fremden München 45 Leute gibt, die ins kleine Kim Kino kommen, um uns zu hören. Und mit 90 Gästen in der Dachauer Kultur-Schranne sind wir nichts anderes als ausverkauft. Die Leute sind begeistert von der Musik und fordern Zugabe. Auch mein Text, den ich kurz vor der Pause vortrage, kommt gut an. Bilde ich mir zumindest ein. Zwei Tage nach unserem Auftritt in Dachau bekommen wir die offizielle Bestätigung: Das Dachauer Tagblatt nennt das Konzert ein „unvergessliches und mitreißendes Spektakel, eine musikalische Offenbarung, garniert vom spektakulären Leseauftritt des Newcomers Paul Schmerz, der mit seinem witzig-skurrilen Text das Publikum vom Hocker riss." Die positive Kritik im Dachauer Tagblatt überrascht uns nicht, schließlich haben wir sie selbst geschrieben. Das Tagblatt nimmt gerne Texte ins Blatt, die man ihm zur kostenlosen

Veröffentlichung zumailt. Professionelle Journalisten auf Veranstaltungen schicken, das kostet ja nur Geld, und das ist in den Taschen des Tagblatt-Verlegers doch viel besser aufgehoben.

Der Dachauer Anzeiger hatte dagegen tatsächlich einen Journalisten für unseren Gig eingeteilt, und auch der attestiert uns einen gelungenen und unterhaltsamen Auftritt und prophezeit uns eine große Zukunft.

Die Robert-Verformung

Bling bling. Nachricht von Robert: „Paul, nimm Dir im März drei Wochen frei, wir gehen auf Tour! Euphorie-Emoji." Ich antworte: „Verarschst Du mich?" Antwort Robert: „Nix Verarsche, echt wahr! 20 Tage, 17 Gigs in ganz Deutschland. Keine Gage, aber 30 Prozent von den Tickets und die Übernachtungskosten zahlen sie auch. Wird lustig. Tränenlach-Emoji." Meine Antwort: „Wer ist ‚sie'?" Antwort Robert: „Die Typen vom Matsch-Musik-Label. Die verlegen unsere alte CD." Meine Antwort: „Wow, Mann, ich kann es nicht fassen. Aber wehe, Du verarscht mich! Drohende-Faust-Emoji."

Robert hat mich nicht verarscht. Das Matsch-Musik-Label schickt uns tatsächlich auf Tour. Ingolstadt, Regensburg, Amberg, Zwickau, Cottbus, Lübbenau im Spreewald, Greifswald, Neuruppin, Brokdorf, Buchholz in der Nordheide, Vechta, Meppen, Paderborn, Fulda, Pforzheim, Pfullendorf und Tuttlingen. Kleine Käffer? Ach was! Für mich klingen sie alle wie Weltstädte!

Die Tour beginnt vielversprechend. Auf den ersten drei Stationen haben wir zwischen 100 und 150 zahlende Gäste, alle einigermaßen angetan bis maßlos begeistert von unserem Programm. Auf der Fahrt von Amberg nach

Zwickau erreicht uns eine Nachricht von Matsch-Musik-Jens, der uns per Messenger auf der Tour betreut. Schmitt liest vor: „Servus, Ihr Bang Brothers, läuft ja ganz gut, was man so hört. Nehmt Euch im Mai mal eine Woche frei, dann machen wir ein neues Album. Mit richtigem Plattenvertrag und allem Drum und Dran. Zwölf Songs und Chapatuwattl als Hidden Track. Viel Spaß heute in Zwickau. Feiert ein bisschen. Habt Ihr verdient. PS: Kleiner Tipp zur Gesunderhaltung: Bitte bei den nächsten Gigs den Nazis-haben-kleine-Pimmel-Song weglassen. Nur so zur Sicherheit. Ich meine es ernst. Ihr seid jetzt im Osten." „Plattenvertrag!", ruft Hettie euphorisiert und denkt sich ein Spiel aus. „Für den Rest der Fahrt gilt: Egal, was jemand sagen will, er muss vorher immer das Wort Plattenvertrag rufen", schlägt sie vor und strahlt dabei über beide Ohren. Wir Männer sind von der Idee weniger angetan, also schaltet Hettie auf Nörgel-Modus: „Ach kommt schon, Jungs! Das ist lustig und außerdem gemeinschaftsfördernd. Ihr werdet sehen: Das schweißt uns noch mehr zusammen." „Plattenvertrag, tun wir ihr den gefallen", gibt Norbert sich geschlagen. Der hat leicht reden, schließlich sagt er eh nie was. Aber was soll´s, dann eben Plattenvertrag rufen. Plattenvertrag! Plattenvertrag! Plattenvertrag!

Platten.

Ein paar hundert Meter vor dem Zwickauer Schandhaus, in dem wir am Abend auftreten sollen, fährt Norbert mit dem rechten Vorderreifen über irgendein spitzes Stück Metall. Nach einem lauten Knall gerät der VW-Bus bedrohlich ins Schlingern. Norbert tritt in die Eisen. Der Bus rumpelt auf den Bürgersteig und um ein Haar erfasst er einen Penner, der dort gerade in einem Mülleimer nach Pfandflaschen oder weiß der Geier was wühlt. Nachdem wir den ersten Schock überwunden haben, steigen wir aus. Der Penner schaut uns aus hasserfüllten Augen an und schreit: „Fick dich, du, Leute, hier, echt Mann! So hier einfach auf den Bürgersteig blockern, mich fast umbringen tun und dann einfach rumstehen mit euch langen Haaren." „Plattenvertrag, ist ja nochmal gutgegangen", ruft Robert. Wir lachen uns kaputt. Der Penner sieht uns angewidert an, spuckt vor uns aus, zischt „verlaustes Russenpack" und wankt fluchend von dannen. „Plattenvertrag, Ersatzrad?", fragt Schmitt. „Plattenvertrag, im Kofferraum", sagt Norbert. „Plattenvertrag, Männersache", meint Hettie und macht es sich im Schneidersitz auf dem Bürgersteig gemütlich. Erst mal eine rauchen auf den Schreck. „Plattenvertrag, hat jemand Ahnung von Reifen Wechseln?", frage ich. „Plattenvertrag, ich", sagt Norbert und macht sich ans Werk. Und das sogar einigermaßen professionell. Er holt das Reserverad und den Wagenheber aus dem Kofferraum und wuchtet den Bus auf. Radmuttern runter, Rad runter, Ersatzrad drauf, Radmuttern draufgepfriemelt und schon ist er fertig. Schmitt, Robert und ich schauen ihm fasziniert zu. Hettie meditiert. „Plattenvertrag, gut machst du das", lobt Robert unseren Drummer, der schon wieder dabei ist, den Bus vom Wagenheber zu lassen. „Plattenvertrag, Kinderspiel", murmelt Norbert. Dann macht es auf einmal Knack und der Wagenheber bricht in sich zusammen. Norbert fängt an, wie ein Wilder zu schreien. Ausladend gestikulierend deutet er auf seinen Fuß. Der klemmt in der Tat relativ unschön zwischen Reserverad und Bürgersteig. Der tonnenschwere VW-Bus hat mal eben auf Norberts Fuß geparkt.

„Plattenvertrag, gar nicht gut" rufend eile ich zur Hilfe, packe Norberts Unterschenkel mit beiden Händen und zerre den Fuß unter dem Reifen hervor. Das macht zuerst ein knackendes, danach ein glitschendes Geräusch. Norbert hört nicht auf zu schreien. „Plattenvertrag, Schmerzen?", fragt Schmitt. Norbert schaut ihn wütend an: „Scheißdreck Plattenvertrag. Mein Fuß ist im Arsch!" „Ist ja nochmal gut gegangen", meint Robert. „Scheiße, von wegen gut gegangen", zetert Norbert und zerrt hektisch an seiner Sandale. Nachdem er sie abbekommen hat, zieht er sich den Socken vom Fuß. Der Fuß ist Mus. An Daumen- und Zeigezeh fehlen die Fußnägel. Am schlimmsten hat es aber offenbar den kleinen Zeh erwischt. Der ist total zermatscht.

„Ficken ey", greift Norbert den Sprachduktus des Penners von gerade eben auf. Entsetzt begutachtet er das unerfreuliche Ergebnis seines handwerklichen Tuns. Es folgen verzweifelte Ausrufe wie „Krankenhaus, aber schnell!", „Ach du dicke Scheiße!", „Alles voller Blut!", „Mein Gott, der Zeh ist weg!", „Was glotzt Ihr mich so dämlich an?" und sonderbarerweise folgende kreative Wortneuschöpfung:

„Penisfickhorstverdammterscheißdreck-
bumshurefickenfußimarschfickennochmal-
drecksscheißescheißdreck."

Wenig später wird Norbert immer noch verdammt
originell fluchend von einem Krankenwagen ins Hos-
pital gebracht, wo die Ärzte multiple Zehenbrüche,
Quetschungen und großflächige Hautabschürfungen
diagnostizieren. Neben der Fußzermatschung handelt sich
Norbert außerdem noch eine Anzeige wegen Beleidigung
ein, weil er die junge Sanitäterin, die ihn offenbar nicht
mit der von ihm erwarteten Sorgfalt und Vorsicht in
den Krankenwagen hievt, als „urhässliche Fettsau" und
„madenverseuchte Stinktrulla" bezeichnet.

Norberts extrovertiertes, verbal offensives Verhalten
in dieser Extremsituation ist neu für uns. Eigentlich
kennen wir ihn als ruhigen, ausgeglichenen und stets
gut gelaunten Zeitgenossen. Aber da hatte er auch noch
alle Zehen. „Plattenvertrag, verrückt geworden", meint
Schmitt. „Plattenvertrag, kein Drummer mehr", gebe
ich zu bedenken. „Plattenvertrag, egal. Drummer sind eh
nur zur Zierde", sagt Hettie. Dann fahren wir weiter zum
Gig. „Sitzt bombensicher, das Reserverad", stellt Schmitt
anerkennend fest, als er den Bus zurück auf die Straße
steuert. „Hat er gut gemacht, der Norbert. Müssen wir
ihm whatsappen."

Die Tour muss ohne Norbert weitergehen. Auch ohne
Drummer feiern wir Erfolg um Erfolg. Applaus hier,
Applaus da, Applaus dort, und weil die Band den Rat von

Matsch-Musik-Jens beherzigt, den Anti-Nazi-Song in der Zone wegzulassen, schaffen wir es ohne weitere Verluste zurück in den Westen.

Vor unserem Gig in Brokdorf hat Matsch-Musik-Jens für uns sogar ein Interview bei Hit-Radio Schleswig-Holstein klargemacht. Im Radiostudio sitzen wir einem speckig glänzenden Moderator gegenüber. Er hat obenrum nur ein Unterhemd an und fasst sich aus unerfindlichen Gründen mit seinen fetten Fingern immer wieder abwechselnd unter die Achsel und in den Schritt. Vor dem Interview werden wir von seiner Aufnahmeleiterin instruiert: „Wir sind live, also kein Rumeiern und Rumstottern, verstanden? Klare und kurze Antworten. Mehr brauchen wir nicht. Die Hörer interessieren sich eh nicht für euch, sondern nur dafür, wie der Guten-Morgen-Malte mit euch umspringt." Der Guten-Morgen-Malte drischt dämliche Phrasen. „Vier Männer und eine Frau auf Tour. Das muss man erst mal wegstecken können, Hettie!", beömmelt sich Malte. Hettie reagiert so offensiv wie wir es am Tag zuvor geübt haben: „Weiß ja nicht wie das beim Radio ist, aber meine Bandkollegen können ihre Pimmel meistens in der Hose behalten." „Außerdem sind wir gerade nur drei Männer", mischt sich Schmitt ein. „Außer du willst bei uns als Trommler einsteigen. Wir haben unseren nämlich in der Zone verloren. Wie sieht´s aus? Lust auf einen kleinen Karrieresprung, Malte?" Fetti schaut indigniert, weil er es offenbar gewohnt ist, den Witz auf seiner Seite zu haben. Nicht mit uns. Denn Matsch-Musik-Jens hatte uns gesteckt, dass man sich beim Wirt unserer Unterkunft in Neuruppin mit allerbestem Gras eindecken kann, wenn man höflich fragt. Wir hatten sehr höflich gefragt und das Zeug an unserem freien Tag in Brokdorf nach allen Regeln der Kunst reingekifft, kaum geschlafen, aber uns dennoch akribisch auf das Interview vorbereitet. Schließlich wollen wir einen bleibenden Eindruck hinterlassen. Bisschen für Publicity sorgen. Wegen dem Gras und dem Schlafmangel oszillieren unsere Gehirne hin und her zwischen verblüffender Spontaneität, Gewitztheit, Streitlust und offener Aggression.

Statt die nächste Frage abzuwarten, ergreift Hettie die Initiative: „Wie ist das denn so bei euch beim Radio? Kriegst du jeden Morgen nach dem Einstempeln von deiner Assistentin einen geblasen?" Fetti schaut uns irritiert an und stammelt: „Nein, aber sie bringt mir Kaffee." Dann versucht er wieder die Oberhand zu gewinnen: „Aber mal zurück zu euch, ihr Lieben. Ihr sagt, ihr habt euren Drummer verloren. Wie das denn? Man verliert doch nicht einfach mal so mir nichts dir nichts seinen Drummer." „Der Drummer ist kaputt gegangen", sage ich. „Verkehrsunfall. Kann man gut Witze drüber machen." „Mach doch mal einen Witz über Unfallopfer, Malte", hetzt Hettie. „Aaah, Verkehrsunfall", murmelt Malte und greift sich nervös unter die Achsel. „Mach ich jetzt mal keinen Witz drüber." „Ach Malte, Mann", ruft Schmitt. „Den verdammten Pimmel haben sie ihm abgefahren. Einfach weg das Teil." Laut Schlachtplan bin ich jetzt wieder an der Reihe. „Stimmt, sowas von weg das Teil. Zebrastreifen, wusch und weg.", rufe ich. „Wie bitte,

Penis verloren? Das ist ja echt mal Scheiße", stammelt Fetti.

Jetzt kommt Robert dran: „Ja, der Drummer hat seinen Stick verloren, aber heute Abend spielen wir hier in Brokdorf. Wir spielen für Norbert. Für seinen Penis. Weil er gewollt hätte, dass wir weitermachen. Wir spielen für ihn." „Wow, sie spielen für ihn, sie tun es für seinen Penis", ruft Fetti ins Mikrofon, erleichtert darüber, dass er jetzt auch wieder einen Witz gemacht hat. „Also Hettie und die Bang Brothers plus diesen Vorlesezausel heute Abend in der Kulturkantine beim Atommeiler Brokdorf. Schön, dass ihr da wart. Und jetzt Miley Cyrus, die habt ihr schon lange nicht mehr auf die Ohren bekommen", kündigt Malte den nächsten Song an. „Lebt die noch?", fragt Schmitt, bevor Fetti uns ausblendet. Als Miley zu singen beginnt, verabschiedet sich Malte von uns: „Verpisst euch, ihr Wichser. Einfach nur verpissen. Kein Wort sagen. Nur raus und verpissen."

Unser Radiointerview zcigt Wirkung: Das Konzert am Abend ist ausverkauft. 400 Leute strömen in die Atomkantine, um uns zu hören. Das erste Set läuft wie am Schnürchen. In der Pause vor dem zweiten Set spricht mich ein Literatur-Groupie namens Gudrun an: „Fand´s voll schön, was du vorgelesen hast. So voll schön und so. Ich mein, der Typ ist die ganze Zeit durch Amerika gekrabbelt, um zurück zu seiner Frau zu kommen. Wie romantisch ist das denn?" Das junge Schnittchen ist zu süß, um es darauf hinzuweisen, dass es nicht richtig zugehört hat. Zumal es mir zu verstehen gibt, dass es für nach dem Konzert noch keine Pläne hat. Also sage ich: „Vielen Dank für das Lob. Das bedeutet mir echt total viel. Für so gefühlvolle und intelligente Menschen wie dich mache ich das alles überhaupt." Gudrun strahlt mich an. „Wow echt ey, nur für mich?" „Ja, nur für dich." Gudrun strahlt. „Also, dann bis nachher", zwinkert sie mir zu und hinkt zurück zu ihrem Platz. Hurra, frohlocke ich innerlich, heute gibt es Nachtisch, und gehe backstage, um noch etwas vom Pausenjoint abzubekommen. Dort herrscht helle Aufregung. Totales Chaos. Blanke Anarchie. Mittendrin Schmitt.

Schmitt fuchtelt mit seiner linken Hand wild in der Gegend herum und verspritzt Blut. Als Hettie mich sieht, springt sie von ihrem Stuhl auf und fällt mir in die Arme. „Mach was! Mach doch endlich was", keucht sie entsetzt. In ihrem Gesicht glänzen rote Blutspritzer. Sie sieht aus wie frisch aus der Maske bei den Dreharbeiten von „I spit on your Grave". Nur dass das ganze Blut echt ist. Original Schmitt-Blut.

Schmitt steht immer noch mitten in Raum, flucht, fuchtelt mit seiner Hand, spritzt herum und schreit: „Was für eine Scheiße hier! Lauter Dilettanten!" „Was ist denn passiert?", frage ich Hettie. Sie erklärt es mir: „Dem Schmitt ist beim Bier Aufmachen das Feuerzeug hinter die Couch geflogen. Dann wollte er es rausholen und greift in diese Riesenrattenfalle. Die macht Kawusch und der Finger ist futsch." Sie zeigt auf einen Gegenstand, der neben der Couch liegt: ein metallenes Gestell mit einer messerscharfen Stahlklinge und daneben Schmitts Mittelfinger.

Robert sitzt teilnahmslos auf der Couch und trinkt irgendeine klare Flüssigkeit. Er murmelt in Dauerschleife vor sich hin: „Kein Mittelfinger. Kein Bassist. Riesige Atomratten. Alles nicht gut gerade." Weil niemand anderes etwas unternimmt, ergreife ich die Initiative: „Das kann ja wohl verdammt nochmal echt nicht euer Ernst sein. Da steht der Schmitt und suppt blutmäßig rum wie Sau, und keiner tut was." Schmitt nickt mir anerkennend zu und suppt weiter. Ich wähle 110. Irgendwann kommt ein Notarzt und nimmt Schmitt und Schmitts Finger mit. Zu dritt spielen wir den Gig zu Ende. Ich übernehme Schmitts Bass, zupfe ab und zu an der E-Saite und halte panisch Ausschau nach Monsterratten.

Eineinhalb Stunden später im Hotelzimmer bin ich in Gudrun vertieft. Eigentlich schlafe ich auf der Tour mit Schmitt, also wir teilen uns ein Zimmer, aber der ist ja absent. Als ich lieblos in Gudrun herumstochere, kommt mir der Verdacht, dass ich nicht ihr erster Literatur-Lover bin. Jedenfalls nennt sie mich immer wieder Axel und kurz bevor sie kommt, stöhnt sie „hack mich Axel, hack mich, Axel hacke mich!"

Am nächsten Morgen besuchen Robert, Hettie und ich den guten Schmitt im Krankenhaus. Schmitt ist übler Laune. Das mit dem Finger hat sich nicht wieder gerade biegen lassen. „Den haben sie nicht mehr dran bekommen. Der bleibt weg", lamentiert Schmitt. „Scheiße nochmal. Bass spielen ist erstmal nicht mehr." Wir bedauern Schmitt und fahren weiter nach Buchholz in der Nordheide.

Aus Hettie und Robert und Schmitt und Norbert und mir sind Robert und Hettie und ich geworden. Aus einer kompletten Band ein kärgliches Duo aus Gesang und Klavier, ergänzt von jemandem, der sinnlos auf der Bühne herumsteht und einen Bass in den Händen hält.

Trotzdem bleibt uns das Publikum einigermaßen zugetan. Und das Gras müssen wir nur noch durch drei teilen. Außerdem hat jetzt jeder ein Einzelzimmer. Wir witzeln und fluchen und kiffen und saufen und spielen uns dem Tour-Finale in Tuttlingen entgegen. Matsch-Musik-Jens whatsappt uns jeden Tag aufmunternde Texte: „Durchhalten! Nur noch ein Gig. Die Platte verschieben wir auf Herbst. Dann ist der Fuß vom Norbert wieder okay und der Schmitt muss bis dahin halt lernen, wie man mit halber Pranke spielt. Zwinker-Emoji."

Jens hat für unseren letzten Gig den Tuttlinger Meistersänger gebucht. Ein Kellergewölbe mit Restaurant und Fremdenzimmern drüber. Essen, spielen und schlafen, alles in einem Gebäude. Diese Konstellation schreit geradezu nach exzessiver Nutzung. Nach der Ankunft kaufe ich mir in der Apotheke nebenan eine Salbe. Kurz nach Gudrun hatte mein Glied begonnen, unangenehm zu jucken. Vor dem Auftritt rollen Hettie, Robert und ich das restliche Gras in einen riesigen Joint. Wir rauchen auf Norbert und Schmitt, schicken ihnen gute Besserungswünsche, trinken sehr viel Bier und vergessen irgendwie, dass wir noch auftreten müssen. Aber egal. Sind ohnehin nur 50 Leute da. Wir streichen das Programm auf acht Songs und den ersten Teil von Chapatuwattl zusammen (ich behaupte einfach, dass Hugh Glass beim Bärenangriff starb), brauchen für alles aber trotzdem eine halbe Stunde länger. Das Publikum klatscht selten, schaut uns aber fasziniert bei der Arbeit zu. Irgendwann spielen wir eine kurze Zugabe, ich weiß nicht mehr, ob sie überhaupt gefordert wurde. Zur Abwechslung zupfe ich ab und an mal an der G-Saite. Hört sich auch nicht schlecht an. Dann ist es geschafft. Der letzte Gig gespielt. Die Tour vorüber. Keine weiteren Unfälle. Drei Fünftel des Teams sind noch gesund. Noch.

Ich liege schwer angetrunken auf meinem Hotelbett, kratze mich unentwegt im Schritt und schaue Markus Lanz. Der Reinhold Messner sitzt neben ihm und erzählt irgendetwas über Zehenabfrierung und Bruderverlierung am Nanga Parbat, und der Markus Lanz sagt immer wieder staunend: „Das muss man sich mal vorstellen." Aber ich kann mir nichts mehr vorstellen und der Dramaturgie der Sendung nicht wirklich folgen.

Plötzlich klingelt mein Handy. Robert vom Zimmer auf der anderen Seite des Flurs ruft zum Gespräch. Ich gehe ran. „Paul, komm bitte mal rüber zu mir", wimmert er. „Komm schnell, aber du musst die Tür eintreten." „Was muss ich?" „Du musst die gottverdammte Tür eintreten! Ich kann dir nicht aufmachen. Tritt sie einfach ein. Tritt sie verdammt nochmal einfach ein." „Okay, ich komme", sage ich, stemme mich aus dem Bett und wanke rüber zum in Not geratenen Robert. Ich torkle auf den

Flur und sehe mich nach links und rechts um. Niemand da. Dann versuche ich möglichst leise gegen die Tür zu treten. Sie knarzt ein bisschen. Es klingt wie ein Lachen. Die Tür lacht mich aus! Wir kennen uns nicht, aber innerhalb einer Sekunde entsteht zwischen der Tür und mir eine Feindschaft existenziellen Ausmaßes. Ich mach dich fertig, du kackbraune Scheiß-Tür! Du oder ich! Ich trete mit aller Kraft auf sie ein. Nochmal. Und nochmal. Irgendwann springt sie auf.

Ich renne ins Zimmer und suche Robert. Der ist nirgends zu sehen. „Im Bad, Mann, im Bad", höre ich ihn rufen. Ich renne ins Bad, wo ich einen anatomisch widersinnig verrenkten Robert antreffe. Er liegt bäuchlings auf dem Boden. Aber sein linkes Bein steckt in der Kloschüssel. Das muss man erstmal hinbekommen. Entsetzt knie ich mich neben ihn auf die Fliesen. „Wie hast Du das denn hingekriegt? Das ist ja echt mal ein Schlamassel." „Lange Geschichte", stöhnt Robert mit schmerzverzerrtem Gesicht. „So wie´s aussieht haben wir ein bisschen Zeit. Ich ruf erst mal einen Krankenwagen." „Nix da", wehrt sich Robert. „Zuerst ziehst Du mein Bein aus der Kloschüssel. Das kann man doch keinem so zeigen." „Okay, ich versuch´s."

Fasziniert sehe ich mir Roberts Bein an. Interessante Versuchsanordnung. Roberts Fuß steckt vollständig im Lokus. Das Bein ist wie bei einem Kranich nach hinten gebogen. Vorsichtig fasse ich den Unterschenkel an. Robert schreit sofort wie am Spieß. „Tut´s weh?", frage ich. Robert schreit weiter. „Tschuldigung. Blöde Frage."

Dann von hinten eine Frauenstimme: „Was ist denn

hier los?" In der Badtür steht eine wunderschöne Frau. Sie trägt lediglich ein seidenes, weißes Nachthcmd, unter dem sich ein Paar göttlich fester Brüste abzeichnet, und schaut uns mit einer Mischung aus Neugier und Entsetzen an. „Ach du Scheiße, das sieht ja übel aus. Braucht ihr Hilfe?" „Ja, hilf mir, du Engel", will ich gerade sagen, aber Robert ist schneller. „Nein", plärrt er den Engel an. „Geh weg, du Stück! Es gibt hier nichts zu sehen." Der Engel schaut Robert beleidigt an. „Na gut. Aber ich rufe einen Krankenwagen", sagt sie und macht auf dem Absatz kehrt.

„Super, Robert, toll gemacht. Was soll das denn? Die war doch nett." „Das ist mir doch scheißegal", verfällt Robert in Mitleid erregendes Jammern, „ich steck hier voll in der Scheiße. Du sollst mich da rausholen und nicht rumbumsen. Jetzt zieh den Hax da raus, bevor der Krankenwagen kommt. Bitte." „Okay, aber es kann wehtun." „Jetzt mach schon!", fordert Robert mich auf. „Gut, dann zieh ich's jetzt raus", kündige ich an und packe das Bein. „Nein, nein, nein! Warte! Ich zähl bis fünf, beiß auf die Zähne und dann raus damit. Okay?" Ich nicke. Robert zählt: „Eins, zwei, drei…" Bei drei ziehe ich kräftig an Roberts Bein. Unwirsch knackend flutscht es aus dem Lokus. „Überraschung! Und schon ist es raus", rufe ich, abcr Robeιt ist im Moment nicht empfänglich für Humor. Mit weit aufgerissenen Augen schaut er mich an, streckt mir den linken Arm entgegen und zeigt mir den Mittelfinger. Dann verliert er das Bewusstsein.

Ich nutze die Ohnmacht meines Bandkollegen, um ihn an den Armen aus dem Bad zurück ins Zimmer zu zerren. Dann hole ich ein Handtuch und trockne mit vorsichtigem Tupfen Roberts klonassen Fuß ab. Danach setze ich mich aufs Bett und zünde mir eine Zigarette an.

Fünf Minuten später kommt der Krankenwagen angeheult. Ich laufe nach unten, um den Sanitätern zu zeigen, wo sie hinmüssen. „Zweiter Stock", sage ich, als ich die beiden Sanis nach oben führe. „Warum muss es immer so weit drobe sei? Kann die Leut` net a mal was im Parterre passiere?", schimpft der Dickere der beiden. Er hat die Statur des dicken Klaus von Klaus und Klaus.

Wir betreten das Hotelzimmer. Robert liegt immer noch am Boden. Er schnarcht. Ober- und Unterschenkel seines linken Beins bilden einen perfekten rechten Winkel. „Wie hat er des denn hinbekomme?", fragt mich der dickere Klaus. „Keine Ahnung, ich hab` ihn genauso gefunden, wie er jetzt daliegt", schummle ich. „Verzähl mir fei kei Gschmarre, Freinderl", schaut mich der dünnere Klaus mit wissendem Blick an. Er deutet auf das Handtuch, das neben Robert liegt, anschließend auf die Schleifspuren auf dem Teppich und die offene Badtür. „Für mich isch des a typischer Scheißhausunfall."

Ich glotze ihn verblüfft an. „Wow", sage ich, „sind Sie Inspektor Columbo?" „Noi noi, ich bin der Sani-Klaus und dei Kumpel da is mittlerweil der zehnte in drei Johr, den wir hier nach am Scheißhausunfall ausm Zimmer und die Stiegen runtertrage müsse." „Des isch alles nur der Helga sei Schuld", mault der dickere Klaus. „G´schissne Helga." „Wer zum Teufel ist die geschissene Helga?", frage ich. „Die hoist net g´schissne Helga. Des isch die

51

Hure-Helga", korrigiert der dünnere Klaus mich und seinen Kollegen. Dann wechselt er dankenswerterweise endlich ins einigermaßen Hochdeutsche. „Die Huren-Helga praktiziert im Zimmer nebenan. Irgendwann hat der Vater vom jetzigen Wirt über dem Scheißhaus ein Loch in die Wand gebohrt, wo man durchschauen kann. Da stand der alte Sack dann die ganze Nacht und hat der Helga beim Bumsen zugeschaut. Bis er dann mal spontan durch den Klodeckel eingebrochen ist. Oberschenkelhalsbruch mit Pimmel aus der Hos. Drei Tage später war er hin."

„Und wieso macht der Wirt das Loch nicht zu?", frage ich. „Weil er ja selber gern durchschaut. Und mich lässt er auch ab und zu schauen. Hat extra einen Hochstuhl geschreinert, den man über die Schüssel stellen kann. Der steht im Besenschrank. Den Klodeckel hat der Wirt nie erneuert. Kostet ja nur Geld und würde eh immer wieder kaputt gehen. Also stellen sich die Hotelgäste, die Helga bumsen hören und das Loch entdecken auf die Klobrille. Und dann rutschen sie ab und tun sich weh. Aber keine Angst. Wir sagen nichts." „Noi noi, wir schwätze net", wiederholt der dicke Klaus feierlich.

„Okay, Jungs. Schöne Geschichte", sage ich. „Aber könnt ihr dem Robert jetzt vielleicht mal helfen?" „Ja, das könnten wir mal machen", meint der dünnere Klaus. Sie legen eine Infusion, dann wuchten sie Robert auf ihre Trage und schleppen ihn keuchend nach unten zum Krankenwagen. Nachdem sie ihn verstaut haben, öffnet sich im zweiten Stock ein Fenster. „Alles okay, Klaus?" Es ist der Engel im Nachthemd. „Grüß Dich, Helga", ruft der dünnere Klaus fröhlich nach oben. „Bissle kaputtgange isser schon. Aber wird` scho` wieder werde." „Na dann ist ja gut. Bis zum nächsten Mal", lächelt Helga und wirft ihm eine Kusshand zu. Dann schließt sie das Fenster.

Ich verabschiede mich von den Kläusen und gehe nach oben. Auf dem Flur im zweiten Stock halte ich inne. Ich ringe mit mir. Ach, was soll´s? Ich gehe in Roberts Zimmer, hole mir ein Bier aus dem Kühl- und den Hochstuhl aus dem Besenschrank. Nur mal kurz schauen.

Am nächsten Tag besuchen Hettie und ich Robert im Krankenhaus. Hettie hat von der nächtlichen Robert-Verformung nichts mitbekommen. Sie hat in der Kellerbar mit dem Barkeeper noch bis vier Uhr in der Früh gesoffen. Auf der Fahrt zum Krankenhaus erzähle ich ihr, dass Robert auf den Lokus gestiegen ist, um eine Klopapierrolle vom Schrank zu holen, und dabei abgerutscht ist. „Die verklagen wir. Auf Schadenersatz und Schmerzensgeld und noch viel mehr. Die werden bluten", entrüstet sich Hettie. „Lass mal lieber", sage ich. „War halt einfach ein Unfall." Im Krankenhaus erzählt uns ein professionell sedierter Robert seine Version der Vorkommnisse. Verblüffender Weise gleicht sie meiner bis ins letzte Detail. „Hatte kein Klopapier mehr. Das stand oben auf dem Schrank. Um hin zu kommen, bin ich aufs Klo gestiegen. Dann bin ich abgerutscht. Kniegelenksluxation. Vier Monate Rollstuhl, sagt der Doktor. Wenn ich Glück habe." „Die verklagen wir nach allen Regeln der Kunst", poltert Hettie wieder. „Lass mal lieber. War halt einfach ein Unfall", sagen

Robert und ich gleichzeitig.

Drei Stunden später bin ich nach 20 Tagen Tour-Wahnsinn wieder zuhause. Ich bin hundemüde. Nach ein paar Stunden Schlaf setze ich mich mit einem Bier an den Küchentisch und schreibe eine To-do-Liste:

- Nicht vergessen: Morgen wieder in die Arbeit gehen
- Wecker auf 6 Uhr
- Fluchen und Schimpfwörter wieder abgewöhnen
- Bandstatus klären
- Termin beim Urologen machen
- Schluss mit dem Saufen und Kiffen

Ich trinke einen Schluck Bier und starre aus dem Fenster. Dann streiche ich die letzte Zeile durch und ersetze sie durch:
- Weniger saufen und kiffen

Die Tage nach meiner Rückkehr vergehen in ereignisloser Monotonie. Ich habe wieder verinnerlicht, dass Fluchen und Schimpfen nicht gut ankommt in der Arbeit. Frage eines Kollegen: „Kannst du mir kurz helfen mit dem schweren Zeugs hier? Das muss ins Lager runter." Antwort: „Das ist mir doch scheißegal, wo das hin muss und ob du dir dabei einen Bruch hebst, du fauler Sack." Nein, das kommt einfach nicht gut rüber. Also sage ich: „Ja, gerne, kein Problem. Vier Arme heben mehr als zwei, hehe."

In der Causa Penisjucken gibt der Urologe Entwarnung:

„Eigentlich alles prima. Ist gut in Schuss. Nur ordentlich abgerieben. Mann, was haben Sie denn mit ihrem Lümmel angestellt?" Das mit dem weniger Saufen und Kiffen schaffe ich auch. Alle Leute, mit denen ich gerne saufe und kiffe, liegen auf drei Bundesländer verteilt in irgendwelchen Krankenhäusern. Beziehungsweise in der Psychiatrie.

Norberts Fuß hat sich inzwischen ganz gut erholt, aber Norbert kann einfach nicht mehr aufhören zu fluchen und andere Leute zu beleidigen. Sein Unfall hat offenbar irgendeine psychische Störung ausgelöst, die ihn nur noch bedingt gesellschaftstauglich macht. Ich vermute, dass das irgendetwas damit zu tun hat, dass wir kurz vor Norberts Unfall diesem übel fluchenden Penner begegnet sind.

Schmitt macht noch auf krank in Brokdorf. Er hat sich eine Krankenschwester angelacht und überlegt, ob er nach seinem Auszug aus dem Krankenhaus bei ihr in Brokdorf bleibt. Die nukleare Strahlung in dieser Gegend habe übrigens erstaunlich positive Auswirkungen auf seine Potenz, schreibt Schmitt in unserer WhatsApp-Gruppe und empfiehlt einen Bandumzug nach Brokdorf.

Robert darf mittlerweile im Rollstuhl zwischen Bett und Toilette hin und her pendeln. „Wow, Robert, gratuliere. Weiter so. Daumen-hoch-Emoji", schreibt Hettie zurück. Norbert schreibt: „Gutebesserung-fickendreckswichser. Ich hoffe, wir sehen uns bald, ihr Kamelscheißefickhurenstricher."

55

Resümee: Norbert in der Klapsmühle, Schmitt in Love in Brokdorf, Robert an den Rollstuhl gefesselt. Bleiben über: Hettie und ich. Wie man es auch dreht und wendet. Eine Sängerin und ein Vorleser, das ergibt einfach keine Band. Ich schreibe eine neue To-do-Liste:

- Zum Friseur gehen
- Spüli kaufen
- Steuererklärung machen
- Neue Band suchen

Royal Revolution

Zwei Wochen später habe ich noch immer keine Frisur, kein Spülmittel und keine Steuererklärung. Aber eine neue Band. Zumindest vielleicht. Ich soll am Abend in ihrem Proberaum vorbeischauen und meine Texte mitbringen. „Ob du zu uns passt, entscheiden wir dann ganz basisdemokratisch", sagt Axel am Telefon. Axel ist Lehrer an der örtlichen Montessorischule. Den Kontakt habe ich von Schnuffel. Den kenne ich von früher. Wir waren im gleichen Abi-Jahrgang.

Schnuffel war damals der geilste Scheiß der ganzen Schule. Dreadlocks bis zum Arsch, beneidenswerter Bartwuchs, durchtrainierter Körper, so mit Bizeps und Sixpack und Knackarsch, dazu über der Fresse zwei azurblaue Augen, in denen die Mädels rudelweise versanken. Den Hosenbund trug Schnuffel lässig auf Kniehöhe, weiter oben Boxershorts und obenrum feinstes ärmelloses Feinripp-Unterhemd von H&M. Und immer fünf, sechs Gramm Gras in der Unterhose.

Damals wollten alle so sein wie Schnuffel. Wir fuhren Fiat, er Harley. Wir tranken Bier. Er schottischen Whisky. Wir rauchten rote Gauloises und husteten. Er rauchte Gitanes, von denen er vorher den Filter wegriss. Wir gingen am Wochenende auf Hallenfeste. Er ging surfen. Wir redeten über Sex. Er hatte ihn. Natürlich spielte so ein toller Hecht wie Schnuffel auch in der Schulband. Gitarre und Gesang. Er war nicht besonders gut, aber das war scheißegal, weil er sah beim Nicht-besonders-gut-Sein einfach sowas von gut aus. Aus der ersten Reihe beim Schulkonzert suppte es nur so heraus, wenn Schnuffel im Feinripp „Columbia" von Oasis sang und dabei auf der Gitarre immer nur A-Dur und C spielte und das D ausließ, weil drei Akkorde in einem Lied einfach einer zu viel für ihn waren.

Letztes Jahr habe ich Schnuffel auf dem Klassentreffen zu unserem 20-jährigen Abiturjubiläum wiedergesehen. Er hatte grob geschätzt 50 Kilo zugenommen und versteckte seine Dreadlocks mittlerweile unter einer speckig glänzenden Glatze. Wir hatten uns eigentlich nie viel zu sagen gehabt, aber auf dem Klassentreffen im Gramsci spricht er mich an der Bar an. „Hey, Simon", ruft er und stößt sein Schnapsglas gegen meine Bierflasche. Jägermeister schwappt über seine Finger und tropft auf den Tresen. Ich schaue ihn verwirrt an. „Meinst du mich?", frage ich höflich. „Ja logo, Simon. Wie geht's dir?" „Mir geht's ganz gut", antworte ich. „Nur dass ich nicht Simon heiße, sondern Paul." „Paul, sag ich doch!", plärrt Schnuffel und knallt sein Glas wieder an meines. „Wie geht's dir. Immer noch Rechtsanwalt, oder?" „Nie gewesen", antworte ich. „Wusste ich's doch, immer noch der alte Simon-Humor von früher. Bist immer noch der Alte, Alter. Find ich gut. Find ich richtig gut." Schnuffel kramt eine Visitenkarte aus seiner Arschtasche und reicht sie mir. „Wenn mal was ist, ruf an. Bist einer von den Guten. Gibt nicht viele davon." Dann umarmt er mich aufrichtig emotional. Und lässt mich ebenso plötzlich wieder los. „Volker, altes Haus!", plärrt er und umarmt Alexander, der neben mir an der Bar steht. Weil ich weder Volker-Alexander noch Schnuffel leiden kann, gehe ich raus in den Hof, wo ich mich zu ein paar netten Leuten an den Tisch setze, die meinen Namen noch kennen.

Aber jetzt, nach dem tragischen Ende der Bang Brothers, erinnere ich mich an die Visitenkarte, die mir Schnuffel damals gegeben hat. Ich weiß nicht mehr genau, was draufstand. Ich bin mir aber sicher, dass ich sie nicht weggeworfen habe, weil sie mich amüsierte. In meiner Schreibtischschublade krame ich nach der Karte. Mein Gott, wer da alles drin ist. Ist ja schlimmer als mein Spamordner bei GMX: Kammerjägerei Käfer & Co. Felix Fingerling, Urologe. Rohrreinigung Herbert Möwald. Jaqueline Q. gegen einsame Stunden. Helge Schnöffelt, professionelle und diskrete Sondermüllentsorgung. Sabine Koch, Psychologin. Und tatsächlich: Da ist sie, die Visitenkarte von Schnuffel:

Marian „Schnuffel" Bachmann
Freier Gitarrist und Bassist
Bandmitglied der Royal Revolution
Freigeist und Allesbesorger
Meld Dich, wenn Du was brauchst.

Darunter Handynummer und Mailadresse. Ich melde mich. Weil ich brauche was! Die Auftritte mit den Bang Brothers haben mich angefixt. Ich weiß nicht viel. Aber ich weiß, dass ich wieder auf einer Bühne stehen will. Weiß, dass ich weiter auftreten will. Ich will lesen. Vorlesen. Ich will den Applaus. Ich brauche ihn. Ich muss ihn haben. Bin einfach geil auf ihn. Will sie wiederhaben: Die Leute, die an meinen Lippen hängen. Die danach zu mir kommen und mich loben und Sätze sagen wie „Wow, Paul, wusste gar nicht, dass du sowas kannst." Oder: „War super, Süßer, hab mich totgelacht." Ich brauche das! Und für das „Das", das ich brauche, brauche ich eine Band. Also rufe ich Schnuffel an.

Es dauert etwa fünf Minuten, bis ich ihm erklären kann, wer ich bin und was ich will. „Ah klar, versteh, versteh", lallt Schnuffel. „Du willst bei uns einsteigen. Aber das kann ich nicht ent…, entsch…, entscheiden. Das entscheidet der Axel ganz basisdemokrawistisch, äh, basisdemokrawisch. Ach egal, das entscheidet halt der Axel." Schnuffel gibt mir Axels Telefonnummer. Sie stimmt hinten und vorne nicht, aber auf der Website der Royal Revolution finde ich die richtige Nummer.

Vier Stunden nach dem Telefongespräch mit Axel betrete ich den Übungsraum. „Ah, da isser ja, der Simon", ruft Schnuffel. Er sitzt im Schneidersitz auf dem Steinboden. Trotzdem schwankt er bedrohlich. Axel, der Montessori-Schullehrer, übernimmt das Kommando. „Jetzt mal Ruhe geben, Schnuffel." Dann zu mir: „Du bist also der Simon und willst bei uns einsteigen. Warst mal bei den Bang Brothers. Haben wir schon mitbekommen, dass ihr ordentlich für Hurra gesorgt habt auf Eurer Tournee. Und du hast also bei denen vorgelesen. Vorschlag meinerseits: Lies uns einfach mal was vor und dann entscheiden wir ganz basisdemokratisch, ob wir dich bei der Royal Revolution haben wollen." „Dann entscheidest du das basisdemokrawisch", lallt Schnuffel. „Nein, nein, nein, Schnuffel," korrigiert ihn Axel. „Da habt ihr alle was mitzureden. Jeder hat eine Stimme. Und ich eine mehr, weil das ja meine Band ist. Wir machen das so wie immer." „Ja, genau. Basisdemokratisch machen wir das. So wie immer", wiederholt Jennifer. Sie ist die Bassistin der Royal Revolution und im normalen Leben Axels Frau. „Jou, so wie imma", murmelt Jaimi-Cheyenne hinter ihren Drums. Jaimi-Cheyenne ist das pubertierende Ergebnis von Axels und Jennifers inniger Liebe.

Ich setze mich auf den Boden des Übungsraums und lese Polnisches Rudern und Chapatuwattl vor. Als ich fertig bin, klatscht Axel. Langsam und leise. In etwa so wie Marlon Brando in Apocalypse Now klatschen würde, wenn er da mal geklatscht hätte. „Ist ja schön und gut", sagt Axel. „Aber das ist mir, nein, das ist uns zu wenig intellektuell. Wir sind nicht die Bang Brothers, Mann, wir sind die Royal Revolution. Wir sind auf einem ganz anderen Level. Mit sowas brauchst du uns nicht kommen. Und nebenbei, weil man von Euch Brothers ja so das eine oder andere gehört hat: Drogen sind bei uns Tabu. Eiserne Regel." „Genau. Eierne Regel", lallt Schnuffel, „Drogen sind Tabu, weil ungesund." Ich will jetzt auch mal was sagen, aber Axel macht den Flüsterfuchs. Also halte ich die Klappe. Axel sagt: „Unsere Jaimi-Cheyenne hat letztens im Familiensitzkreis was aus dem Philosophieunterricht erzählt. Über Aristoteles. Das war total spannend. Schreib doch was über den Aristoteles. Das ist vom Intellekt her genau unser Niveau. Schreib was über den Aristoteles und du bist dabei. Auf Widerruf natürlich. Nächsten Freitag spielen wir im Irish Pub. Den Text schickst du mir bitte bis Mittwochabend per Mail zur Korrektur." „Mittwochabend ist Yoga", meint Jennifer. „Ach ja, danke Schätzchen. Also den Text bis Dienstag. Wir sehen uns." Dann entlässt mich Axel. Weil es sei ja keine Zeit verlieren, ich hätte ja immerhin bis übermorgen einen neuen und anspruchsvolleren Text zu schreiben. „Drück dir die Daumen", sagt Axel zum Abschied und schüttelt meine Hand mit beiden Händen. „Ich glaub an Dich." Bevor die Tür hinter mir ins Schloss fällt, höre ich ihn noch sagen: „Kann ja wohl echt nicht sein, dass der mit seinem billigen Geschreibsel hier mit uns auftritt. Da muss er schon was Besseres liefern. Nicht so eine Scheißhausliteratur."

Wütend stapfe ich die Kellertreppen hinauf ins Freie. Soso, meine Texte sind Scheißhausliteratur, hat das Montessori-Arschloch gesagt. Das merke ich mir. Das kriegt der zurück. Das kommt ganz oben auf meine To-do-Liste.

Zurück in meiner Wohnung, setze ich mich an den Laptop. Eigentlich habe ich überhaupt keine Lust, für diesen Arschloch-Axel einen neuen Text zu schreiben. Ich finde Polnisches Rudern und Chapatuwattl eigentlich ganz gut.

Aber für den feinen Herrn Montessori-Schullehrer sind sie offenbar nicht gut genug. Scheiß drauf. Scheiß auf Axel. Scheiß auf die Royal Revolution. Wart einfach ab bis in ein paar Monaten die Knochen der Bang Brothers wieder zusammengewachsen sind, Norbert wieder normal tickt und Schmitt von seiner Krankenschwester in den Wind geschossen wird. Alles nur eine Frage der Zeit. Aber auf der anderen Seite: Einfach nichts schreiben und diesem geschissenen Axel den Triumph gönnen, dass ich in 48 Stunden keinen neuen Text auf die Reihe bekomme, das will ja wohl auch keiner. Also beginne ich zu schreiben.

Koriander

Was in Herrgotts Namen unterscheidet den Menschen vom Tier? Seit wir denken können, zerbrechen sich die Philosophen ihre Köpfe über dieser Frage. Zum Beispiel der gute Aristoteles, dieser altgriechische Klugscheißer. Das antike Gscheithaferl schaute sich die Menschen an und dann die Tiere, dann wieder die Menschen, dann die Tiere, dann wieder die Menschen, dann wieder die Tiere. Mensch. Tier. Mensch. Tier. Hin. Her. Hin. Her. Und als er so hin- und herschaute, da kam der Aristoteles irgendwann zu einer Erkenntnis. Und die schrieb er sofort auf: „Was den Menschen vom Tier unterscheidet, das ist, dass der Mensch ein zoon politikon ist."

Zoon politikon ist ein altgriechischer Begriff, der besagt, dass der Mensch das einzige Lebewesen ist, das ein funktionierendes Gemeinwesen gründen kann, also, auf Deutsch gesagt, so etwas wie einen Freistaat Bayern. Mächtig stolz war er auf seine Entdeckung, der Aristoteles. Aber bevor er sich aufmachte zur nächsten Kneipe, um kräftig einen zu heben auf seine enorme Klugheit, schaute er zur Sicherheit nochmal genauer hin. Auf die Ameisen, wie sie in Reih und Glied durch seine Schreibstube krabbelten. Mensch. Tier. Mensch. Tier. Mensch. Ameise.

65

Scheißdreck nochmal. Dem Aristoteles fiel auf einmal auf, dass auch diese verdammten Ameisen ein Gemeinwesen bilden. Und hätte, nebenbei bemerkt, der gute Aristoteles einmal einen Blick in meine Spüle geworfen, dann hätte er erkannt, dass noch viel primitivere Lebewesen als Ameisen dazu fähig sind, einen Staat zu bilden und darüber hinaus sogar fremde Territorien jenseits der Spüle zu erobern.

„Scheiß doch die Wand an, geschissene Ameisen!", fluchte Aristoteles, „die machen mir die ganze schöne Idee kaputt", und stapfte wütend los, um sich in Alexis Taverne, einer muffigen Eckkneipe unterhalb der Akropolis, einen sauberen Frustrausch anzusaufen. Auf dem Weg dorthin trat er mit seinen Sandalen genüsslich auf jede Ameise, die seinen Weg kreuzte.

Aristoteles war zu der Zeit nämlich furchtbar grantig. Denn er hatte schon lange keinen Bestseller mehr gelandet. Und der schmierige Herr Verleger hat ihm schön langsam Druck gemacht. „Was ist jetzt mit der Schriftrolle über den Unterschied zwischen dem Menschen und dem Tier?", hatte der Verleger erst heute Morgen wieder einmal wissen wollen. Und der Aristoteles, der ja an und für sich ein ehrlicher Kerl war, hatte nur sagen können: „Der Unterschied zwischen Mensch und Tier, er ist mir noch nicht so richtig eingefallen. Aber ich komm schon noch drauf. Lieber Verleger, hab Geduld, ich hab` nur gerade eine Ideenblockade." „Ja dann beeil dich mal bitteschön mit dem Beeilen", hat der Verleger den Aristoteles angetrieben und ihm wieder mal den verreckten Platon vor die Nase gehalten. „Der Platon, Zeus hab ihn selig, der hat nie Ideenblockade gehabt. Aus dem ist sie nur so rausgesprudelt, die Klugheit. Eine Schriftrolle nach der anderen hat er angeschleppt. Und jede hat sich verkauft wie warme Semmeln. Und wenn ihm mal nichts Gescheites eingefallen ist, dem Platon, dann hat er sich einen hübschen Knaben geschnappt und ihn ordentlich durchgebumst, und schon war die Blockade Geschichte und die Ideen wieder da." Der Platon, schwelgte der Verleger in Erinnerungen an die gute alte Zeit, habe sich sozusagen von einer Idee zur nächsten gebumst.

Der Aristoteles hatte aber ein eifersüchtiges Eheweib zuhause, das wie ein Schießhund darauf aufpasste, dass der feine Herr Gemahl nicht den Phallus in die Knaben stieß, sondern die Finger von den Knaben ließ. Diese im damaligen Griechenland recht beliebte Quelle entspannender Inspiration blieb dem Aristoteles also verwehrt. Aber irgendetwas musste passieren. Er konnte die Abgabe der Schriftrolle nicht noch länger hinauszögern. Irgendetwas musste ihm einfallen.

Als er vor Wut über seine Ideenblockade gerade eine besonders große Ameise totsteigen wollte, hörte er auf einmal eine dröhnende Frauenstimme schimpfen. Die Stimme drang aus dem Anwesen, an dem er gerade vorbei spazierte. Aristoteles blieb stehen, streckte sich und lugte vorsichtig durchs Fenster. Er sah eine wuchtige Frau, die sich vor ihrem schmächtigen Mann in Pose warf. Die fetten Fäuste in ihre mächtigen Hüften gestemmt, plärrte sie den Mann an: „Ja, beim Zeus und Poseidon und sonst noch welchen göttlichen Arschlöchern", plärrte sie, „bist du denn noch dämlicher als die Perser bei den Thermopylen?" Der Mann, dessen dürrer Oberkörper nur mit einer schmutzigen Kochschürze bedeckt war, ging in Habachtstellung, gerade so, als erwarte er eine gehörige Tracht Prügel. Das wuchtige Weib schrie weiter: „Du kannst dem Brathuhn doch nicht den ganzen Koriander in den Arsch reinstopfen! Nur die Hälfte, hab` ich gesagt. Jetzt haben wir keinen Koriander mehr für die Knödel!" „Du hast ja recht, bitte entschuldige", wisperte der Mann, grub seine rechte Hand in den Hühnerafter und kramte eine stattliche Handvoll Koriander aus dem Tier heraus und zurück auf die Anrichte. „Den kann man jetzt auch nicht mehr hernehmen für die Knödel", geiferte das Weib, „denn jetzt schmeckt der Koriander schon nach Huhn. Können doch die Knödel nicht auch noch nach Huhn schmecken, wenn es eh schon Huhn gibt." „Du hast ja recht", flüsterte der Mann erneut. „Passt schon", sagte das garstige Weib, „Du kannst ja nichts dafür, du bist halt einfach ein Depp." „Du hast ja recht", sagte der Mann.

Aristoteles stand da wie vom Blitz getroffen. „Heureka", rief er aus, „ich hab`s!", machte auf dem Absatz kehrt, rannte nach Hause, setzte sich an seinen Sekretär und fing wie ein Wilder an zu schreiben. Und zwar: „Was den Menschen vom Tier unterscheidet, das ist, dass der Mensch ein zoon logon echon ist."

Aristoteles, das müssen auch seine größten Fans zugeben, fand sich einfach supercool, wenn er diese neunmalklugen altgriechischen Begriffe verwenden konnte. Aber das keifende Weib und die Reaktion seines schmächtigen Gatten hatten ihn tatsächlich auf des Rätsels Lösung gebracht: Keine Ameise in der Schreibstube, kein Rindvieh auf der Weide, kein Fisch im Ozean und kein Schimpanse im Urwald kann ein Mitgeschöpf verbal derart in den Senkel stellen und zur Sau machen wie es dieses Weib gerade eben mit ihrem Gatten getan hatte. Und kein gesenkeltes Tier käme jemals zu der Einsicht, dass es in derartig brenzligen Situationen schlichtweg am vernünftigsten ist, keinesfalls zu widersprechen, sondern einfach nur „Du hast ja recht" zu sagen, um des lieben Friedens willen und der Selbsterhaltung.

Der Mensch ist also, wenn man den Redeschwall des wuchtigen Weibes und die besonnene Reaktion des schmächtigen Mannes miteinander kombiniert, ein zoon logon echon, ein sprachbegabtes Wesen, siehe fettes Weib, und ein vernunftbegabtes Wesen, siehe schmächtiger Mann. Und genau diese Sprach- und Vernunftbegabung sei der Unterschied zwischen Mensch und Tier, schrieb Aristoteles auf seine Schriftrolle. Wie er auf die Idee gekommen war, das behielt er indes für sich.

Die Schriftrolle wurde ein Hit, ein Bestseller, ein Straßenfeger. Als sie veröffentlicht wurde, standen die Athener Schlange an den Kiosken, um ein Exemplar zu erstehen. Sie rannten damit nach Hause, setzten sich an den Küchentisch und lasen sie in einem Zug durch. Auch der schmächtige Mann hatte eine gekauft, und als er sie zusammen mit seinem wuchtigen Weib gelesen hatte, sagte dieses: „Du bist mir ja einer. Da schick ich dich auf den Markt, um Kümmel zu kaufen, und du kommst mit so einem Schmarrn nach Hause." „Du hast ja recht", sagte der Mann. Die Frau packte ihren schmächtigen Gatten mit ihren Pranken an den Schultern, drückte ihn an ihre Brust und gab ihm einen dicken, schmatzenden Kuss. „Ich hab` dich lieb", sagte das wuchtige Weib. „Ich weiß", antwortete der Mann und kramte den Kümmel aus seiner Tasche.

Das Trauerspiel

Ha, was sagst du jetzt, Arschloch-Axel? Das ist meine neue Geschichte! Ich sende sie ihm schon am Montag. Am Dienstagabend kommt das Okay, dass ich am Freitag im Irish Pub dabei bin. Kurz vor Konzertbeginn nimmt mich Axel beiseite. „Wir setzen dich ans Ende des ersten Sets. Ich sage dich an, du kommst auf die Bühne, liest die Geschichte, dann Pause, dann wieder wir." Der kleine Pub ist gesteckt voll. Passen eh nur 40 Leute rein. Ich bekomme 10 Prozent vom Eintrittsgeld und drei Freigetränke. 40 mal 5 durch 10 macht einen Zwanni und drei Pints. Aber ums Geld geht`s mir ja eh nicht.

Das Konzert ist ein einziges Trauerspiel. Es ist schlichtweg eine Schande, dass eine Band mit so einem genialen Namen wie Royal Revolution so saumäßig beschissen Musik macht. Es ist zum Fremdschämen, was Arschloch-Axel, Jennifer, Jaimi-Cheyenne und der schon vor Konzertbeginn schwerstens angeschossene Schnuffel abliefern. Sie beginnen mit Heard it through the Grapevine in der Version von Creedence Clearwater Revival. Ein Hammersong. Eigentlich. Aber Eigentlich ist der kleine Bruder von Nett, und wessen kleiner Bruder Nett ist, das wissen wir ja alle. Das Cover der Royal Revolution hört sich so an wie es auf dem Klo des Irish Pubs riecht. Es folgt das unvermeidliche Blowing in the Wind von Dylan, danach My my, hey hey von Neil Young. Die Royal Revolution walzt sich durch die Rockgeschichte wie ein fürchterlich lärmender, außer Kontrolle geratener Güterzug.

Dann kündigt Axel Whole Lotta Love von Led Zeppelin an. Oh Shit, denke ich, daran sind schon zehnmal bessere Bands als ihr kläglich gescheitert. Es wird das erwartete Desaster, aber was mich noch mehr abstößt, ist, dass Axel während des Songs immer wieder verstohlene Blicke auf seine mit stoischer Miene vor sich hin trommelnde Tochter wirft. Auch noch pädophil, oder was. Nach Whole Lotta Love ist die Band auch schon am Ende des ersten Sets angelangt. Als Axel das verkündet, klatschen die Zuhörer erleichtert. „Aber bevor wir Pause machen, haben wir noch eine Überraschung für euch. Wir konnten nämlich den Geschichtenvorleser Simon von Hettie und den Bang Brothers abwerben. Und der Simon wird euch jetzt eine kleine Geschichte vorlesen. Nicht so scheu, mein lieber Simon! Auf die Bühne mit dir, mein Freund!"

Als Axel mir das Mikro in die Hand drückt, blicke ich ihn wütend an. Ich stelle klar, dass ich nicht von den Bang Brothers abgeworben wurde, sondern dass wir uns lediglich eine kleine kreative Pause gönnen. Und dass mein Name nicht Simon ist. Schnuffel kichert vor sich hin: „Der alte Simon-Humor." Dann lese ich „Koriander" und danach ist Pause. Wenig später vergeht sich die Royal Revolution an Gold Dust Woman und Go your own Way von Fleetwood Mac, Paint it Black von den Stones und abschließend noch an Perfect von Ed Sheeran.

Wenn ich zu Hause mal Lust auf Weinen habe, muss ich mir auf YouTube einfach nur das Video von Perfect anschauen. Da kann man Rotz und Wasser heulen wie eine italienische Mamma auf der Hochzeit ihres einzigen Sohns. Aber das, was die Royal Revolution aus dem Song macht, ist mehr als eine Frechheit. Es ist ein musikalisches Kapitalverbrechen. Die Tonlage stimmt hinten und vorne nicht, das Tempo ist eine einzige Katastrophe und Axels Gesang ein guter Grund, ihn als Warnung an alle Musiker mit zu großem Ego draußen an der Stadtlinde aufzuknüpfen. Schild um den Hals hängen mit „Ich habe versucht, Perfect von Ed Sheeran zu singen", hoch mit ihm und eine Woche lang hängen lassen.

Die Band würgt das Stück zu Ende. Das Publikum klatscht ein bisschen und scheint froh zu sein, dass es vorbei ist. Dann ruft jemand: „Zugabe." Ich schaue ihn entsetzt an. Ich bin nicht der Einzige. „Yeah", ruft Axel breit grinsend, „wir sind die Royal Revolution und wenn ihr noch einen hören wollt, dann spielen wir noch einen. Wie wär`s mit Stairway to Heaven?" „Ach du Scheiße", fluche ich leise, „das Ding dauert verdammte acht Minuten!" Dann meldet sich wieder der Zugabe-Rufer: „Keine Zugabe von euch. Ich will, dass der Kerl, der nicht Simon heißt, noch was liest."

Habe ich richtig gehört? „Ja, der Nicht-Simon soll noch was lesen!", ruft eine Frau. Axel mischt sich ein.

„Also ich glaub nicht, dass der Simon noch was zum Lesen dabei hat." „Hab` ich wohl", rufe ich von meinem Platz an der Bar und gehe zur Bühne. Ich schiebe Axel zur Seite und stelle mich hinters Mikro. „Wollt ihr echt noch was von mir hören?", frage ich. „Ja, Mann, sonst hätt` ich`s ja nicht gesagt", ruft der Zugabe-Mann und fängt an, rhythmisch zu klatschen. Weitere Zuhörer stimmen ein. Axel packt Jaimi-Cheyenne an der Hand, zerrt sie hinterm Drumset hervor, springt von der Bühne und ruft: „Jennifer, wir gehen!" Jennifer dackelt gehorsam hinter ihm her. „Instrumente holen wir morgen – und wehe, es fehlt was!", brüllt er in Richtung des Wirts. Kurz vor dem Ausgang dreht sich Axel noch einmal um: „Schnuffel, wir gehen! Auf geht`s." Schnuffel hat sich an den Bühnenrand gesetzt und rührt gedankenverloren in einem Gin Tonic. Er schaut in etwa in Richtung Axel und sagt: „Ich bleib noch ein bisschen. Will hören, was der Simon noch so sagt. Dann bis Sonntag, im Proberaum." „Scheiß auf die Probe am Sonntag", brüllt Axel. „Du bist raus aus der Band." Axel rührt wieder in seinem Gin Tonic und rülpst. „Mir doch egal. Bleib trotzdem da. Dann bis Sonntag." Familie Axel zieht von dannen.

Der ganze Pub schaut jetzt auf mich. Ich sollte etwas sagen. Also nehme ich das Mikro vom Ständer und fange an zu reden: „Ähm, vielen Dank erstmal dafür, dass ihr noch was von mir hören wollt. Wie es der Zufall will, habe ich tatsächlich noch was mitgebracht." Ich fange an zu lesen. Erst Epic Fail, dann noch Polnisches Rudern. Anschließend einigen wir uns auf eine zehnminütige

Rauch- und Schnapspause. Danach bringe ich noch Chapatuwattl. Aber dann ist endgültig Schluss. Keine Geschichten mehr auf Lager.

Als ich von der Bühne zur Bar gehe, klopfen mir ein paar Leute auf die Schultern. Einer sagt: „Schöne Geschichten. Wieso machst du nicht mal was alleine? So `nen Leseabend oder sowas. Also ich würde kommen." Maximal euphorisiert vom Verlauf des Abends schieße ich mir mit ein paar Leuten, die ich noch nie gesehen habe, mit Schnäpsen die Lichter aus und flirte mit einer Frau, die gar nicht so schlecht aussieht. Verena. Oder Vanessa. Oder Valerie oder so. Irgendwann kommt der Wirt auf die Idee, alle Songs, die von der Royal Revolution so gnadenlos verhunzt wurden, nochmal auf Spotify im Original laufen zu lassen. Verena-Vanessa-Valerie und ich singen Arm in Arm lauthals mit.

Acht bis zehn Stunden später wache ich auf. Es dauert ein bisschen, bis mir der Verlauf des vergangenen Abends wieder in den Sinn kommt. Hintenraus bleibt die Erinnerung jedoch fragmentarisch. Da war doch diese Frau mit V, das weiß ich noch. Aber wie es mit ihr weiter ging, fällt mir nicht mehr ein. Offenbar nicht erfolgreich. Jedenfalls liege ich alleine im Bett. Dann höre ich die Klospülung, kurz darauf die Dusche. Da ist doch jemand im Bad. Mit einem fetten Grinsen springe ich aus dem Bett. In der Küche setze ich Kaffee für zwei auf. Danach lege ich Whole Lotta Love in den CD-Player. Als ich höre, dass die Dusche nicht mehr läuft, drücke ich auf Play, trage die Kaffeebecher ins Wohn-Schrägstrich-Schlafzimmer, stelle sie aufs Nachtkasterl, platziere mich lasziv und nur mit

Unterhosen bekleidet auf dem Bett und grinse in freudiger Erwartung die Badtür an.

30 Sekunden später öffnet sie sich. Schnuffel wankt aus dem Bad. Irritiert sieht er mir dabei zu, wie ich schnell unter die Decke schlüpfe und so tue, als würde ich schlafen. „Komm schon, Simon", lallt Schnuffel. „Ich weiß, dass du wach bist. Hab`s ja eben mit eigenen Augen gesehen." Ich öffne die Augen. „Morgen, Schnuffel", brumme ich. „Morgen auch", sagt Schnuffel freundlicher. „Danke fürs übernachten lassen. Hätte echt nicht mehr Auto fahren können gestern. Muss jetzt aber mal los. Müsste schon seit zwei Stunden im Baumarkt sein. Die haben schon angerufen. Ach, ähm, ist mir bisschen peinlich. Ich glaub, ich hab` auf deine Couch gekotzt. Sorry, Mann. Also, dann mach`s mal gut, Simon." Er geht zur Tür und ist weg.

Es riecht tatsächlich etwas streng im Wohnschlaf-zimmer. Ich gehe zur Couch und begutachte die Sauerei. Schnuffel hat ganze Arbeit geleistet. Offenbar hat er gestern nach dem Gig noch Pizza Salami mit Kapern gegessen. Am Schreibtisch schreibe ich eine neue To-do-Liste:

- Couch in der Nacht auf die Straße stellen
- Neue Couch kaufen
- Mehr Geschichten schreiben
- Urlaub machen

Die letzte Zeile unterstreiche ich zweimal.

Epic Fail

Soderla, jetzt haben wir in der vorherigen Geschichte also gelernt, was laut Aristoteles der Unterschied zwischen den Menschen und den Tieren ist. Aber ich glaube, das ist nicht der einzige Unterschied. Einen weiteren hat der Aristoteles übersehen. Da kann er aber gar nichts dafür. Weil, das sei als Erklärung für die Jüngeren hier kurz erwähnt, es zu Aristoteles` Zeiten noch kein YouTube gab. Und deshalb kannte der Aristoteles all diese lehrreichen Filmchen nicht, die man sich ansehen kann, wenn man in der Suchzeile die beiden goldenen Wörtchen eingibt, die einem das Tor zum Himmel der Erkenntnis aufstoßen: Die Worte „Epic Fail".

Tippt man Epic Fail ein, bekommt man eine Vielzahl an Videos angeboten, die zeigen, wie Leuten etwas unglaublich Dämliches widerfährt. Manchmal ist es durchaus schmerzhaft, aber, seien wir mal ehrlich, trotzdem lustig. Wenn man ganze Abende damit verbringt, sich diese Filmchen anzuschauen, dann ist das durchaus gut investierte Zeit. Für die neugierigen Nachbarn in meinem hellhörigen Mietshaus lasse ich gleichzeitig im Fernseher eine Dokumentation auf Phoenix oder Arte laufen. Das macht akustisch einen besseren Eindruck und beschert einem mit der Zeit den vorteilhaften Ruf eines zurückgezogen lebenden Intellektuellen, den man nicht mit niederen Mieterpflichten wie Schneeschaufeln oder Treppenhausputzen belästigen will.

Aber was bekommt man nun konkret zu sehen in diesen Epic Fail-Videos?

Ein paar Beispiele zur Veranschaulichung: Ein sturzbetrunkener Ballermann-Urlauber versucht einen riesigen Humpen Bier zu exen. Das gelingt ihm ganz gut. Jedenfalls bis zu jenem Zeitpunkt kurz vor Vollendung seines ambitionierten Vorhabens, als seine Innereien plötzlich energisch Widerstand leisten und das Getränk kraftvoll in die Gegenrichtung zurückpumpen. Schwallartig aus dem Mund schäumend ergießt sich das Bier über die Theke, sein Deutschland-Trikot und seine vollgepissten Jeans. Zuerst blickt der Hauptdarsteller des Videos schockiert auf die Sauerei, die er gerade angestellt hat. Dann merkt er, dass noch ein kleiner Rest Bier im Humpen schwimmt, grinst zufrieden, prostet Richtung Kamera und leert genüsslich das Glas. Seine Kumpels klopfen ihm jubelnd auf die Schultern.

Oder das Video, das einen dicken Mann zeigt, der in einem Moment fataler Hybris über einen breiten Wassergraben springen will, und eine Sekunde später bis zur Hüfte im Schlamm steckt. Da muss er selber lachen, der Dicke. Zumindest so lange, bis ihm die Frage in den Sinn kommt, wie er da jemals wieder herauskommen soll.

Ab und an kommt auch ein lustiges Tiervideo. Zum Beispiel dieses: Eine riesige Hauskatze, die einen kleinen

Hund durch einen Garten jagt und dabei in einen Pool stürzt. Pudelnass stemmt sich die Katze aus dem Pool und verkriecht sich peinlich berührt unter einem Busch.

Als ich das sah, kam mir einst genauso wie dem Aristoteles eine Idee. Ich war mir noch nicht ganz sicher, aber ich glaubte, einem weiteren Unterschied zwischen Mensch und Tier auf die Spur gekommen zu sein. Aus nunmehr rein wissenschaftlicher Neugierde schaute ich mir drei Stunden lang weitere Epic-Fail-Videos an. Und Heureka, ich sah meine Vermutung bestätigt: Tiere, denen etwas Lustiges oder Dämliches passiert, lachen nicht über das, was ihnen gerade widerfahren ist. Viele Menschen, denen ein Missgeschick passiert, dagegen schon. Zumindest dann, wenn sie noch bei Bewusstsein sind oder nicht gerade ein Knochen aus ihrem Unterschenkel ragt.

Nach 100 weiteren Videos erachtete ich meine Hypothese als bestätigt. Der Gorilla, der gegen die Panzerglasscheibe seines Geheges gespurtet war, lachte nicht. Der Fliegende Fisch, der auf ein Fischerboot gesprungen war, lachte nicht. Der Igel, der vor einem Mähroboter davonlief, er lachte nicht. Begeistert von der Erwartung, dass meine Theorie mich schlagartig reich und berühmt machen wird, schrieb ich: „Der Unterschied zwischen Mensch und Tier ist, dass wir Menschen über Missgeschicke lachen können und Tiere nicht.“

Sie zweifeln an meiner Theorie? Dann will ich Ihnen von einem Video erzählen, in dem Mensch und Tier miteinander interagieren: Zu sehen ist ein Schwarzbär, der sich in etwa vier Metern Höhe an einen Baumstamm klammert und auf Teufel komm raus nicht herunter klettern will oder kann. Weil der Bär-Baum mitten in einem Wohngebiet steht, findet die Polizei, dass das kein Dauerzustand bleiben kann. Bürokraten. Schließlich kommt ein Polizist auf eine grandiose Idee: Man schieße dem Bären einen Betäubungspfeil in den Pelz. Gesagt, getan. Das Narkotikum wirkt schnell. Schon verliert der Bär das Bewusstsein und stürzt ab. Weil der Mensch an sich aber kein Unmensch ist, zumindest nicht in diesem Video, hat er unter dem Baum ein großes Trampolin platziert, das den betäubten Bären auffangen soll. In der Tat trifft der Bär das Trampolin ziemlich mittig. Dort wäre er sicherlich auch gerne liegengeblieben, um seinen Rausch auszuschlafen, aber ein gewisser Herr Newton hat irgendwann einmal ein paar Gesetze erlassen, die das verbieten. Der Bär prallt auf das Trampolin und wird von diesem wieder in die Luft geschleudert, fast so hoch wie er ursprünglich im Baum saß. Dann setzt er zum Sinkflug an und knallt einen Meter neben dem Trampolin kopfüber auf den harten Boden. Gut gemeint ist eben nicht immer gut gemacht. In dem Video hört man jemanden lachen. Es klingt nicht nach dem Lachen eines Bären. Der ist bewusstlos. Bestenfalls.

Ich sah meine Hypothese bestätigt: Shit happens. Mensch lacht. Tier nicht. Auch ich, das gebe ich offen zu, musste lachen. Dabei hatte sich das arme Tier sicherlich ernsthaft verletzt. Ich fragte mich: Ist es also wirklich menschlich, wenn man über Missgeschicke lacht?

Ich hatte genug gesehen, klickte YouTube weg und widmete mich dem Fernsehprogramm. Dort lief eine politische Diskussion. Eine Frau namens Henriette von Eule setzte gerade zu einer Tirade gegen alle Menschen an, die nicht so blass sind wie sie. Plötzlich ging alles durcheinander in meinem Kopf. Fragen über Fragen. Zweifel. Verzweiflung. Ich erinnerte mich an das wortgewaltige Weib und den besonnenen Mann in Athen und an Aristoteles` Idee, dass der Mensch sprachbegabt und vernünftig ist, und eben das den Menschen vom Tier unterscheidet. Aber die menschliche Eule im Fernseher war weder sprachlich begabt noch vernünftig und meinte zudem, es gebe auch gewaltige Unterschiede zwischen den Menschen untereinander. Zum Beispiel zwischen den Deutschen und den Flüchtlingen und dem gemeinen Afrikaner an sich. Und überhaupt stehe sie, die Eule, für Hilfsbereitschaft und Nächstenliebe und Solidarität, aber doch bitteschön nicht gegenüber allen.

Kurz gesagt: Sie verzapfte etwas fürchterlich Dämliches und Peinliches. Aber ich musste nicht lachen. Die menschliche Eule lachte auch nicht. Sie meinte es ernst. Wenige Wochen später bekam die Eulen-Partei bei der Bundestagswahl zwölf Prozent. Sorry, Aristoteles, ich will Dich jetzt post mortem nicht dissen, aber so viel zur Vernunft des Menschen.

Ich glaube, die Geschichte über den Unterschied zwischen Mensch und Tier muss noch einmal ganz neu geschrieben werden. Vielleicht müssen wir dabei andersherum denken. Nicht daran, was uns Menschen von den Tieren abhebt, sondern daran, was die Tiere von uns Menschen abhebt. Vielleicht ist der Unterschied ein ganz anderer. Vielleicht liegt er darin, dass es im Tierreich zwar große und kleine Tiere gibt, starke und schwache Tiere, Tiere am oberen und am unteren Ende der Nahrungskette. Weiße Tiere, schwarze Tiere, bunte Tiere. Aber eines kennt das Tierreich nicht: Es kennt keine Arschlöcher. Vielleicht hat der Volksmund recht damit, wenn er sagt, dass die Tiere irgendwie doch schlauer sind als wir Menschen. Vielleicht kennen auch die Tiere das Sprichwort „Wer zuletzt lacht, lacht am besten". Vielleicht warten sie einfach nur ab, bis wir ach so klugen Menschen uns in aller Vernunft gegenseitig von der Erde geatombombt haben, weil wir immer noch glauben, dass Gewehrkugeln, Bomben und Raketen leichter ins Ziel finden als Gespräche zum Ziel führen. Vielleicht warten die Tiere einfach ab, bis uns Menschen etwas grandios Dämliches passiert, unser finaler Epic Fail. Und dann, ja dann werden sie lachen. Und lachen. Und lachen. Aber davon wird es auf YouTube kein Video mehr geben.

Abduls Strandbar

Ich nehme mir drei Wochen Urlaub, fahre zum Flug-hafen und erkundige mich nach dem billigsten Flug in den Süden. Er geht nach Ägypten. Nicht gerade mein Traumziel. Die Beraterin am Last-Minute-Schalter rät mir, die Hotelanlage nicht zu verlassen, da es draußen nicht sicher sei. Wegen Unruhen und Anschlägen und Muslimen überhaupt und so. Ich buche trotzdem. 19 Tage all inclusive für 700 Euro. Das mit dem nicht die Hotelanlage verlassen ist mir egal. Schließlich fliege ich nicht in Urlaub, um Sightseeing zu machen, sondern um neue Geschichten zu schreiben. Und zwar auf Teufel komm raus. Wichtig ist nur: Es muss eine Hotelbar geben. Und zwar eine mit Alkohol. Und von mir aus auch einen Pool und ein bisschen Meer. Aber das ist nicht Pflicht.

Ein paar Stunden später hebt das Flugzeug ab. Es ist so gut wie leer. Offenbar ist Ägypten im Moment nicht so angesagt. Nachdem endlich das Du-musst-verdammt-nochmal-angeschnallt-sein-oder-willst-du-dass-alle-anderen-den-Absturz-überleben-nur-du-nicht-Zeichen erloschen ist, strecke ich mich auf meinem Sitz und den beiden leeren Nachbarsitzen aus und schlafe ein. Ich träume sogar. Von der Frau mit V und von Schnuffel und von meiner vollgekotzten Couch.

Ich habe sie sehr gemocht. Die Frau mit V auch, aber noch viel mehr die Couch. Die war echt gut. Hatte mir treue Dienste erwiesen. Hatte sich in all den Jahren bereitwillig all meinen körperlichen Veränderungen angepasst, in der Hoffnung, immer bei mir bleiben zu dürfen. Und was tat ich? Ich zerrte sie spät nachts brutal aus der Wohnung, die Treppen hinunter, stellte sie ohne Abschiedsgruß auf den Gehweg und verdeckte den riesigen Schnuffel-Kotzfleck mit einem Schild aus Pappkarton. Darauf hatte ich „Mitnehmen für lau" geschrieben. Als ich ein paar Stunden später zum Flughafen fuhr, war die Couch weg. Mach`s gut, meine Liebe. Ich hoffe, dich hat jemand mitgenommen, an den du dich ebenso gern anpasst wie an mich.

Dann erscheint mir die Frau mit V. Sie kommt aus dem Badezimmer, nackt und nass und wunderschön. Sie schreitet zu mir ans Bett, nippt an ihrem Kaffeebecher, strahlt mich an und sagt: „Wow, wie aufmerksam von dir. Vielen Dank." Dann legt sie sich zu mir und kuschelt sich an mich. Nimmt meine Hand und legt sie auf ihren Busen. „Du warst gut gestern Abend." Ich werde rot, streichle ihre Brustwarze und werde schlagartig geil. „Danke für das Kompliment", sage ich, „wenn ich so gut war, können wir das von mir aus gerne gleich nochmal wiederholen." Die Frau mit V setzt sich auf mich, lacht und küsst mich auf die Stirn. Dann sagt sie: „Ich hab` nicht das Poppen gemeint. Ich meinte, du warst gut auf der Bühne." Ich bin beleidigt und geschmeichelt zugleich. Sage erst einmal nichts. „Du solltest mehr Geschichten schreiben und einfach mal alleine auftreten", sagt die Frau mit V. Sie beginnt, sich langsam und rhythmisch auf mir zu bewegen und flüstert mir dabei ins Ohr: „Und das, was du meintest, worin du gut warst, Süßer, das üben wir jetzt gleich nochmal."

Als wir gerade so richtig in Fahrt kommen, geht die Klospülung. Zehn Sekunden später schlurft Schnuffel aus dem Bad, schaut uns interessiert an und nuschelt: „Sorry, Leute, hab` auf die Couch gekotzt. Bis die Tage." Als er die Wohnungstür zuschlägt, rüttelt die Stewardess an meinem Fuß. „Bitte aufwachen und anschnallen, wir werden gleich landen."

Am Abend spaziere ich durch die riesige Hotelanlage des Nofretete Red Sea International. Während meiner Erkundungstour stellt sich heraus, dass die Last-Minute-Frau gelogen hat. Es gibt nicht nur eine Hotelbar, sondern fünf!

Ich entscheide mich erst einmal für die Strandbar, setze mich auf einen der vielen leeren Barhocker und frage den jungen und freundlich lächelnden Barkeeper nach dem Bier des Hauses. „Tutanchamun Ale", antwortet der junge Mann. „Klingt gut", sage ich.

Als er das Tutanchamun, eine gelbe Masse ohne Schaumkrone, neben meinem Schreibblock abstellt, drücke ich ihm zehn Euro in die Hand und sage: „Alle 30 Minuten ein Neues." Dann tippe ich mit meinem Kugelschreiber auf den Block. „Und wenn du merkst, dass ich faul in der Gegend herumschaue anstatt zu schreiben, dann einen Schnaps. Sagen wir Rum, fürs erste." „Ich dich fett verstehen, meine Freund. Bin ich der Abdul und habe ich schon sofort gemerkt, dass du eine Künstlerin bist. Machen dir keine Sorgen. Ich dich mit Bier und Schnaps so reichlich und zuverlässiglich versorge, dass du schreibst wie geschmiert. Wie lange du bleibst?" „Knapp drei Wochen." „Das passt wie der Faust auf die Frauenauge." Ich schaue ihn wenig amüsiert an: „Haha, mach ich nur Spaß", kichert Abdul. „Hab` ich gar keine Frau, die ich hauen kann. Hab` ich aber drei Wochen jetzt Dienst hier, dann erst wieder Wochenende. Kannst Du jede Tag zu mir in die Bar kommen und du wirst schreiben die beste Bestseller von die Welt. Bei Allah, gebe ich dir Briefsiegel darauf."

Abdul schaut sich verstohlen um, dann schenkt er sich einen kleinen Schnaps ein und kippt ihn sich blitzschnell in den Rachen. „Machen wir eine gute Abmachung zwischen zwei gute Menschen?" „Was sollen wir abmachen?", frage ich. „Manchmal, ganz nur kurz, macht Allah eine Pause mit dem Hinschauen auf die Menschen. Und dann dürfen sie trinken schnell eine kleine Portion von die Alkohol. Der Allah ist eine sehr gute Gott. Macht er sicher gerne Pause mit die Hinschauen, wenn du zwei Schnaps bestellst und nur einen trinkst." Ich zwinkere Abdul zu und sage: „Ich hätte gerne zwei Schnäpse." Abdul grinst: „Bist du eine gute Schriftstellerin und gute Mensch. Wirst du schreiben hier die beste Buch von die Welt."

In den folgenden drei Wochen werden Abdul und ich

ein eingespieltes Team. Gegen Mittag schlurfe ich in die Strandbar, bestelle ein Bier und zwei Schnaps und bleibe bis etwa zwei Stunden nach Sonnenuntergang. Jede halbe Stunde stellt er mir ein frisches Bier hin und jede volle Stunde ordere ich augenzwinkernd zwei Schnaps. Schriftstellerisch läuft es ganz gut. Die Geschichten flutschen mir geradezu aus dem Kugelschreiber. Auf eine davon hat mich Abduls Namensschild gebracht, das er an seinem Hemd trägt. Es ist eigentlich kein Namensschild, es ist ein Nummernschild. Das Management des Nofretete Red Sea International hält es offenbar für vollkommen ausreichend, sein Personal zu nummerieren. Abdul trägt die Nummer 26. Und genau die kam mir irgendwie bekannt vor.

Mitarbeiter Nr· 26

Wissen Sie eigentlich, wie gut Sie es haben? So im Vergleich. Sie sitzen hier gemütlich bei einer Halben Weißbier oder einem Glas Rotwein, schauen mir bei der Arbeit zu und befinden sich dabei in keiner Weise in Lebensgefahr. Da ist es anderen Leuten schon mal ganz anders gegangen, wenn ich gearbeitet habe. Die saßen auch ganz friedlich in der Gegend herum, und mir nichts dir nichts war Schluss mit lustig. Ich verrate das jetzt nur Ihnen hier, denn das darf eigentlich keiner wissen. Aber wir sind ja hier unter uns, und Sie alle schauen mir irgendwie recht vertrauenswürdig aus. Ist ja auch keine große Sache, also sag ich es jetzt geraderaus: Ich habe mal als Auftragskiller gearbeitet. So, jetzt ist es raus.

Nein, denken Sie jetzt bitte nichts Schlechtes von mir. War ja nicht in Festanstellung. War nur so nebenbei während des Studiums, als Scheinselbständiger und ohne Sozialversicherung. Rein arbeitsrechtlich war ich also nicht Täter, sondern Opfer.

Ich war nicht schlecht als Killer. Sogar richtig gut. War ja mal bei der Bundeswehr. Hab da Schießen gelernt. Dann kam das Studium. Politologie. Das haben damals alle genommen, die nach einem Studiengang gesucht haben, bei dem man keinen Schein in Statistik braucht. Und außerdem noch die Streber, die Politologie studierten, weil sie unbedingt zum Auswärtigen Amt wollten. Diplomat werden und Wachteln fressen und Champagner saufen und so.

Auch ich habe im vierten Semester einfach mal so beim Eingangstest für den Diplomatischen Dienst mitgemacht. Da muss man ziemlich knifflige Aufgaben beantworten. Zum Beispiel: „Nennen Sie die Nachbarstaaten Chinas im Norden beginnend im Uhrzeigersinn und anschließend deren Hauptstädte in alphabetischer Reihenfolge." Ich hatte natürlich keinen blassen Schimmer und versuchte, mich möglichst originell um eine Antwort zu drücken. Ich sagte: „Die Republik China, auch Taiwan genannt, ist eine Insel und hat deshalb keine Nachbarstaaten. Sie muss sehr einsam sein."

Gleich anschließend noch so eine fiese Frage: „Angenommen, Sie sind Botschafter in Thailand und dort zu einem Staatsbankett eingeladen. Nach dem Dinner bietet Ihnen ein für die deutsch-thailändischen Wirtschaftsbeziehungen bedeutender Politiker ein junges Thai-Mädchen zum Dessert an. Wie reagieren Sie unter Berücksichtigung sowohl der Philosophie des deutschen Idealismus als auch der bundesdeutschen Wirtschaftsinteressen?" Ich hatte keine Ahnung, also sagte ich mehrdeutig: „Wenn mir jemand so etwas anbietet, dann schlage ich zu. Ob das Angebot betreffend oder dem Politiker in die Fresse, das könnt ihr euch jetzt gerne selbst aussuchen."

Nach dem Gespräch war mir sofort klar, dass ich mit Pauken und Trompeten durchgefallen war. Aber als ich missmutig fluchend das Gebäude verlassen wollte, stellte sich mir ein Mann mit schwarzem Anzug und noch dunklerer Sonnenbrille in den Weg. Er sagte: „Herr Schmerz, Sie haben zwar keinerlei geographische Kenntnisse und nicht den blassesten Schimmer von Diplomatie, aber Ihre pragmatische Problembearbeitung gefällt uns. Wir haben ein Angebot für Sie, das Sie sich anhören sollten." Ich hörte es mir an.

Auf ein paar Wochenendseminaren wurden mir die perfiden Kniffe des geschickten Meuchelns beigebracht, und nachdem ich eine achtundvierzigseitige Verzichtserklärung bezüglich Krankenversicherung, Rentenbeiträge und Honorarausfall bei Opfermangel unterschrieben hatte, wurde ich inoffizieller Killer im Dienst des saumäßig geheimen BPLD, des Bundesproblemlösungsdienstes. Meine einzige Bedingung war, nur Weiße killen zu müssen. Ich wollte, wenn ich geschnappt würde, nicht als Nazi dastehen.

Es fing recht einfach an. Vielleicht wollten sie mein Selbstbewusstsein stärken. Jedenfalls waren die ersten Aufträge ein Kinderspiel. Ein fetter Beamter der Deutschen Botschaft in Panama wollte irgendwelche Steuerpapiere veröffentlichen, also schubste ich ihn während seines Weihnachtsurlaubs in Düsseldorf bei einem Spaziergang in den eiskalten Rhein rein. Der nächste war ein Banker in Frankfurt, der über Cum-Ex-Geschäfte plaudern wollte.

Der stand sowieso schon auf dem Dach seiner Bank, unentschlossen, ob er seinem verkorksten Luxusleben selbst ein Ende machen soll. Ich musste mich nur von hinten anschleichen und ihm mit einem Klaps auf den Rücken ein wenig Entscheidungshilfe leisten. Dann ein ehemaliger BPLD-Agent, dessen Ersparnisse für seine Rotlichteskapaden nicht mehr ausreichten, und der damit drohte, mit seinen Memoiren zu einer großen Boulevardzeitung zu gehen. Die Zeitung rief dann bei der Firma an, und ich löste das Problem im Hinterhof seines Lieblingsbordells – mit einer Zaunlatte.

Wenig später ein Auftrag für den Vatikan. Sie müssen wissen: Der Vatikan fühlt sich zumindest rein dienst-rechtlich an das fünfte Gebot gebunden, weshalb er seine Auftragsmorde weltweit ausschreibt und extern vergibt. Offenbar gab meine Firma das günstigste Angebot für einen Dreifachmord ab, indem sie einen Rabattgut-schein für eine vierte Auftragsarbeit beilegte, aus buch-halterischen Gründen aber bitteschön einzulösen bis Ende des Buchungsjahres. Es ging um drei Priester in Rom, die zu viel von irgendeiner vatikanischen Sauerei wussten. Einem der Priester schüttete ich Gift in den Messwein. Die beiden anderen ertranken in der Badewanne. In derselben Badewanne. Mich amüsierte die Vorstellung, wie sie in inniger Umarmung gefunden werden mussten.

Es lief gut. Sechs bis acht Aufträge im Jahr, in den Sommersemesterferien keine. Bin ja kein Workaholic. Aber dann änderte sich etwas. Ein Kollege wurde geschnappt, als er mit Hilfe eines Radkreuzes das Lebenslicht aus einem Whistleblower der Automobilindustrie herausprügelte. Es kostete die Firma einen Koffer voll Geld, aber schließlich konnte sie die Staatsanwaltschaft überzeugen, dass es sich um einen Selbstmord handelte.

Doch von nun an hieß es: „Jungs, ihr müsst vorsichtiger sein. Geht nicht mehr so nah ran. Bleibt weiter weg." Wir bekamen Scharfschützengewehre und die Anweisung, von nun an nur noch aus dem Hinterhalt und aus größerer Distanz zu arbeiten.

Irgendwie war ab da alles anders. Ich weiß nicht, wie ich es sagen soll. Aber irgendetwas ging mir ab. Mir fehlte das Zwischenmenschliche, der direkte Kontakt zum Kunden. Ich machte natürlich weiter. So einen Job schmeißt man ja nicht mir nichts dir nichts hin wegen so einer popligen Dienstanweisung. Aber ich war nicht mehr mit dem Herzen dabei.

Irgendwann fiel das auch meinen Vorgesetzten auf. Sie sagten: „Mach dir keinen Kopf, das wird schon wieder. Jeder hat mal einen kleinen Durchhänger." Und schickten mich zum Psychologen. Der sagte: „Mach dir keinen Kopf, das wird schon wieder. Jeder hat mal einen kleinen Durchhänger." Ihm gehe es gerade genauso, ich solle nächsten Monat nochmal kommen. Wer weiß, vielleicht habe er dann mehr Lust, mir zu helfen.

Ich kam nicht mehr. Stattdessen nahm ich den nächstbesten Auftrag an. Ich sollte irgendeinen Kerl wegballern, der irgendwie von irgendwas zu viel wusste und es irgendwem erzählen wollte. Ich sollte ihn vor einem Café in der Altstadt von Lissabon abknallen, wo er regelmäßig anzutreffen war. Ich lag auf dem Flachdach eines Hauses auf der anderen Straßenseite und hatte ihn im Fadenkreuz. Er saß allein auf einer alten Holzbank, trank Kaffee, rauchte und las in einem Buch. Ich beobachtete ihn weiter. Vielleicht zu lange. Definitiv zu lange. Der Mann war vollkommen vertieft in sein Buch. Ich hätte mich mit meinem Gewehr direkt vor ihn stellen können, er hätte mich nicht bemerkt, hätte einfach weiter Seite für Seite umgeblättert und gelesen. Ich sah ihm eine halbe Stunde lang zu, eine Stunde, eineinhalb Stunden. Ich sah, wie er noch einen Kaffee trank und noch eine Zigarette rauchte und las. Schließlich zahlte er, packte sein Buch in seinen Rucksack und ging.

Als ich zurück in Deutschland in meine Wohnung kam, saß Nummer 16 auf der Couch, eine schallgedämpfte Heckler & Koch auf dem Schoß, und aß ein Snickers. Nummer 16 war ein schrecklich arrogantes, gewissenloses und unglaublich dummes Arschloch. „Verdammte Scheiße, Nummer 26, ich wart hier schon seit Stunden auf dich. Hab mich zu Tode gelangweilt in deiner Kackbude hier." Ich ließ meine Reisetasche fallen, stand einfach nur da und rührte mich nicht. Die Firma hatte mir also mein ganz persönliches Erschießungskommando ins Haus geschickt.

„Mach schnell, du Wichser", murmelte ich und fing an zu zittern. „Würde ich ja gerne", sagte Nummer 16. „Aber ich darf nicht. Der Chef mag dich. Ich soll dir nur eine Scheißangst einjagen und dir sagen: Du bist raus. Der Chef besorgt dir einen Job. Und lässt dir ausrichten: Wenn du auch nur den geringsten Versuch unternimmst zu plaudern, dann sitze ich wieder hier und verpass dir einen roten Punkt zwischen den Augen, bevor du Drecksack auch nur merkst, was los ist." Dann stand er auf, warf mir im Vorbeigehen das Snickerspapier ins Gesicht und ging.

Als ich mich wieder einigermaßen im Griff hatte, rannte ich auf den Hausflur und schrie ihm hinterher: „Kleiner Tipp für die Zukunft: Wenn`s mal wieder länger dauert, dann lies ein Buch." Aber Nummer 16 war schon weg.

Der Chef brachte mich als Verkäufer bei einem Autohändler in Dachau unter. Ein Job mit direktem Kundenkontakt. Kann mich nicht beschweren. An den Abenden, nachdem ich ausgestempelt habe, setze ich mich zu Hause an den Computer. Und schreibe. Wer weiß, vielleicht schaffe ich irgendwann einmal ein Buch. Und wenn ich das schaffe, dann schicke ich es dem Mann aus dem Café in Lissabon. Und stelle mir vor, wie er es liest, und zwar genau so vertieft wie er einst das Buch gelesen hat, als ich ihn im Fadenkreuz hatte. Und wer weiß, vielleicht mache ich auch einmal Lesungen und sitze vor Leuten, die mir zuhören. Und applaudieren, wenn ich fertig bin mit einer Geschichte. Stehende Ovationen und laute Rufe nach Zugabe wären auch nicht schlccht. Nur so als kleiner Tipp am Rande. Denn seien Sie sich nicht zu sicher. Ich kann auch anders. Aber das bleibt bitteschön unter uns.

Land der nackten Frauen

An nächsten Tag erzähle ich Abdul, dass mich sein Nummernschild am Hemd zu einer Geschichte inspiriert hat. Abdul strahlt: „Darauf möchtest du sicherlich zwei von die kleine gute Schnaps bestellen." Nachdem er eingeschenkt und getrunken hat, sagt er: „Möchte ich unbedingt hören deine Abdul-Inspirier-Geschichte." Ich sage ihm, dass ich Geschichten erst dann vorlese, nachdem ich sie ungefähr zehnmal überarbeitet habe. Aber Abdul bleibt stur: „Das du kannst machen wie du willst, wenn du bist in deine Deutscheland. Hier in die meine Ägypten muss man Geschichten auf die Stelle vorlesen, wenn der Barkeeper sie hören will. Ist es eine Gesetz und gibt es schlimme Strafe, wenn man nicht so macht." Ich gebe klein bei und lese sie ihm vor.

Als ich fertig bin, schaut er mich entsetzt an. Ich beruhige ihn: „Keine Angst, ich bin doch kein Killer. Ich hab` das alles nur erfunden." Abdul lacht: „Weiß ich doch, dass du keine Killerin bist. Hab` ich dich nur veräppelt mit meine erschrockene Blick. Merkt ein Blinder mit ohne Ohren sofort, dass du keine Killerin bist. Bist du harmlos wie ein kleine blaue Schlumpf." Ich schaue ihn beleidigt an.

Abdul schenkt wieder zwei Schnäpse ein und murmelt: „Man schreibt eine Geschichte nicht nur mit die Hand und die Kopf. Weil man liest eine Geschichte nicht nur mit die Auge und die Kopf. Man liest vor allem mit die Herz. Wer eine Geschichte schreibt von die Herz zu die Herz, nur der ist eine wirklich große Schriftstellerin." „Was hast du da gerade gesagt?", frage ich Abdul irritiert. Es beschämt mich, dass jemand, der noch keine 20 Jahre alt ist, der im Alter von 11 Jahren von seinen Eltern von der Schule genommen und zum Arbeiten geschickt wurde, dass jemand, der sich seinen tristen Job als Barkeeper damit versüßt, sich jeden Tag heimlich eine Flasche Schnaps zu genehmigen, und der, wie er stolz zugibt, noch nie ein Buch gelesen hat, etwas so Schönes und Kluges über das Schreiben sagen kann. Und ich nicht.

„Musst du nicht so traurig schauen", sagt Abdul. „Hast du gar nicht schlecht gemacht die Geschichte. Hat sie mir schon bisschen viel gefallen." Dann muss er andere Gäste bedienen, und weil die Bar heute außergewöhnlich voll ist, hat er erst wieder Zeit für ein Schwätzchen, als die Sonne allmählich hinter dem massiven Hotelkomplex verschwindet und sich einige Gäste zum Abendessen aufmachen.

Abdul beugt sich zu mir über den Tresen und flüstert in verschwörerischem Ton: „Wollte ich heute schon die ganze Tag sprechen mit dir über die Thailand." Dann gießt er zwei Schnäpse ein. Ich winke dankend ab. Abdul verträgt deutlich mehr als ich. Blitzschnell trinkt er beide Schnäpse und flüstert: „In die Thailand sind alle Leute wunderschöne Leute. Gibt es nix hässliche Leute in die Thailand. Wünsch ich mir, dass ich einmal arbeite in eine Bar in die Thailand. Muss ich dann nix mehr Bier servieren für die hässliche und fette Frauen aus die Deutscheland und die Holleland und die Frankereich und der Russerei. Mach ich mich einmal bequem in die Thailand und bediene nur noch die schöne Menschen. Nehm ich dich gerne mit in die Thailand zu die schöne Menschen, wenn du willst. Machen wir Bar auf an die Strand und trinken und machen die nackte Sache." „Was für eine nackte Sache?", frage ich verwirrt. „Na, die nackte Sache mit die Frauen. Die Sex. Habe ich gehört, dass man in die Thailand die Frauen ganz völliglich ausziehen kann. Wünsche ich mir auch mal zu sehen eine Frau ganz nackt. Nehme ich dich mit in die Thailand, wenn du auch mal willst sehen eine Frau ganz nackt." „Ich war schon mal da", antworte ich.

Abdul schaut mich ungläubig an: „Du warst schon in die Land mit die nackte Frauen?" Ich nicke stolz. „Allahu akbar! Der die Paul war schon in die Land mit die nackte Frauen", ruft Abdul begeistert, damit es auch ja alle anderen Gäste mitbekommen. Das größtenteils aus dicken deutschen Ehepaaren gesetzten Alters bestehende Publikum blickt mich empört an. Dann raunt mir Abdul leise zu: „Schreibst du mir eine Geschichte über die Land mit die nackte Frauen? Mach ich noch schnell Cuba Libre für die fetten Leute da drüben und dann liest du mir die Geschichte vor."

Während Abdul freundlich lächelnd die Drinks serviert, denke ich darüber nach, was ich ihm über Thailand erzählen könnte. Vielleicht diese Geschichte? Abdul wird enttäuscht sein. Oder vielleicht doch nicht. Immerhin ist es eine Geschichte, die ich nicht mit der Hand geschrieben habe und auch nicht mit dem Kopf. Sondern mit dem Herzen.

Brooklyn Girl

Warum mache ich die eigentlich? Diese Lesungen. Na gut, Lesungen bieten ein paar Vorteile: Die Getränke sind frei. Und man hat die Entscheidungsgewalt darüber, was gelesen wird. Im Vergleich dazu sind Sie richtig arme Schweine. Der Wirt da hinten knöpft Ihnen 3,40 Euro oder so fürs Bier ab, und was er für den Fusel verlangt, den er als Wein bezeichnet, will ich gar nicht wissen. Und dann haben Sie auch noch keinerlei Einfluss darauf, was ich Ihnen vorlese. Sie sind mir völlig ausgeliefert. Wenn ich wollte, könnte ich Ihnen die Gebrauchsanweisung meines Staubsaugers vorlesen, und Sie könnten nichts, aber auch gar nichts, dagegen tun. Naja, den Leuten in Zwickau oder Cottbus oder Neuruppin würde schon etwas einfallen, was sie dagegen tun könnten. Korrigiere also: Sie als friedfertige Befürworter des staatlichen Gewaltmonopols könnten nichts dagegen tun, wenn ich Ihnen eine Gebrauchsanweisung oder das Telefonbuch oder den Inhalt einer E-Mail-Fehlermeldung vorlesen würde. Aber ich kann Sie beruhigen. Solange Sie eifrig nach jeder Geschichte klatschen, bleibt die Bedienungsanleitung meines neuen und unglaublich tollen und dermaßen wirkungsvollen Raumluftreinigungsgeräts der Firma Bosch brav hier in meiner Tasche liegen. Zumindest so lange Sie artig applaudieren und der Wirt mir endlich mal einen Schnaps auf die Bühne bringt. Denn die nächste Geschichte, Herrschaften, wird fett! Es ist nämlich die einzige Geschichte dieses Abends, die wahr ist.

Wieso mache ich das also? Das Geschichtenschreiben? Und das Vorlesen? Um Ihnen das zu erklären, möchte ich Sie in eine Stadt mitnehmen, deren muttersprachlicher Name Krung Thep Maha Nakhon Amon Rattanakosin Mahinthara Yutthaya Mahidilok Phop Noppharat Ratachthani Burirom Udom Ratchaniwet Maha Sathan Amon Phiman Awatan Sathit Sakkathattiya Witsanukam Prasit lautet. Übersetzt heißt das „Stadt der Devas, große Stadt und Residenz des heiligen Juwels Indras, uneinnehmbare Stadt des Gottes, große Hauptstadt der Welt, geschmückt mit neun wertvollen Edelsteinen, reich an gewaltigen königlichen Palästen, die dem himmlischen Heim des wiedergeborenen Gottes gleichen, Stadt, die von Indra geschenkt und von Vishavakarman gebaut wurde“.

So, jetzt wissen Sie vermutlich zwei Dinge: Erstens, dass Sie einen Einheimischen auf keinen Fall nach dem vollständigen Namen seiner Stadt fragen sollten, zumindest wenn Sie keinen gesteigerten Wert darauf legen, dass er Ihnen wegen böswilligen Diebstahls wertvoller Lebenszeit an die Gurgel springt. Und zweitens wissen Sie natürlich, von welcher Stadt die Rede ist: Bangkok.

In diese Stadt, in diese strahlende Perle und diesen widerlichen Moloch will ich Sie entführen. Warum? Weil ich dort vor zwei Jahren den Grund getroffen habe, überhaupt mit dem Schreiben zu beginnen. Ich begegnete ihm im Parnaki Hostel. Das Parnaki Hostel ist eine kleine Herberge nahe der berühmt berüchtigten Khao San Road, der Welthauptstraße der Rucksacktouristen. Meine Damen und Herren, wenn Sie mir folgen wollen, müssen Sie jetzt bitte Ihre Schuhe auszuziehen, denn das Parnaki Hostel ist ein Barfuß-Hostel. Die Schuhe muss man draußen ausziehen und in ein Regal stellen. Das, so erklärt es einem die nette Rezeptionistin in ihrem quasi-englischen Thai-Singsang, sei eine Verbeugung vor den altehrwürdigen Traditionen Siams, und diese besagen, dass es sich nun einmal gehört, die Schuhe auszuziehen, bevor man das Haus eines Freundes betritt. Immanuel Kant würde dazu vermutlich sagen: „Diese Tradition mag in der Theorie richtig sein, sie taugt aber nicht für die Praxis." Denn sie hat zwei konkrete Nachteile. Der Erste ist, dass man sich jeden Tag neue Schlappen kaufen muss, sofern man tatsächlich so blöd ist und sie in das Regal vor der Tür stellt. Denn dann sind sie am nächsten Morgen entweder weg oder von einem der unzähligen Betrunkenen vollgekotzt, die spät nachts ins Hostel zurückkrabbeln. Der zweite Nachteil der Barfußregelung würde sich Ihnen schlagartig genau dann erschließen, wenn ich Ihnen den Boden in der Gemeinschaftsdusche und vor allem im Toilettenbereich zeigen würde. Aber das lassen wir heute, schließlich haben Sie alle vor nicht allzu langer Zeit lecker Abend gegessen und das Zeug soll, wenn möglich, in Ihnen drin bleiben. Ich sage nur so viel: Kacke an der Ferse. Mehr nicht. Stattdessen nehme ich Sie, sobald Sie jetzt endlich mal alle barfuß sind, gleich mit in mein Bett.

Mein Bett steht im zweiten Stock in einem großen Schlafsaal für etwa 20 Personen und kostet fünf Euro die Nacht. Es ist das obere eines Stockbetts, und das ist gut so. Erstens ist man dort weiter weg vom übelriechenden Boden, und zweitens ist man, sollte die rostige und handwerklich abenteuerlich zusammengeschusterte Konstruktion zusammenbrechen, wenigstens derjenige, der zerquetscht, und nicht derjenige, der zerquetscht wird. Der Unterschied zwischen Aktiv und Passiv besteht manchmal eben einfach nur in einem Höhenmeter mehr oder weniger.

Als ich den Raum betrete und meinen Rucksack auf die Matratze hieve, bemerke ich im unteren Bett einen langen, roten Haarschopf, der sich über das Kissen ergießt. Er ist offenbar Teil einer schlafenden Frau. Ich will sie nicht stören, also klettere ich vorsichtig nach oben und zwänge mich möglichst geräuscharm neben meinen Rucksack. Ein paar Minuten später schlafe ich ein. Während des langen Flugs konnte ich keine Sekunde schlafen, weil immer dann, wenn ich mich anschickte einzunicken, vom Nachbarsitz ein würgendes Rotzgeräusch zu mir herüberdrang. Die Kehle, die dieses Geräusch hervorbrachte, gehörte einer kleinen, alten Chinesin und jedes Mal, wenn sie mir mit ihrem Gerotze und Gewürge das Tor zum Schlummerland zustieß, fragte ich mich, ob es nun rassistisch sei oder seniorenfeindlich oder einfach nur Notwehr, wenn ich sie erwürgte. Die Frau mit dem roten Schopf unter mir schläft dagegen völlig geräuschlos.

Ich habe sie noch nicht gesehen und noch kein einziges Wort mit ihr gesprochen, aber das allein macht sie für mich schon jetzt sympathisch.

Als ich aufwache, ist sie weg. Es ist schon Abend und nach einer schnellen, wirklich schnellen Dusche mache ich mich auf den Weg zur Khao San Road. Die Khao San ist eine Art Disney Land für Rucksackreisende. Es gibt dort alles, was das Herz begehrt: günstiges Essen, günstiges Bier, günstige Klamotten, günstiges Gras und billige Frauen. Ich habe sie nicht getestet, aber ich glaube, wenn man mit einer dieser Animierdamen mitgeht, muss man nicht mal seine Schuhe ausziehen. Das unterscheidet sie auf sympathische Weise vom Parnaki Hostel. Preislich und was die Sauberkeit betrifft, dürften beide dagegen in der gleichen Liga spielen. Das mit dem günstigen Essen und dem günstigen Bier nehme ich dagegen ausführlich in Anspruch und in einer kleinen Bar mit Livemusik erfahre ich, wie ulkig es sich anhört, wenn eine winzig kleine Thai-Frau Folsom Prison Blues singt. Irgendwann später schlurfe ich beseelt und Johnny Cash pfeifend zurück zum Hostel.

Auf den Couchen vor dem Hostel lümmeln coole Backpacker aus aller Welt und ratschen. Ich geselle mich zu ihnen. Ein Australier erzählt, dass er gerade aus Kambodscha kommt und sich dort ein neues Tattoo stechen ließ. Nirgendwo sonst auf der Welt seien Tattoos so billig wie in Kambodscha, sagt er und zeigt stolz seinen muskulösen Oberarm, den ein hässliches Känguru ziert. Darüber eine Sprechblase: Down Under, Top of the World. Ich überlege kurz, ob ich nach Kambodscha weiterreisen soll, um mir dort Horst Seehofers Blödspruch „Bayern, die Vorstufe zum Paradies" auf den Oberarm stechen zu lassen. Aber wahrscheinlich ist mein Bizeps zu klein für so große Worte.

Als wir alle das Tattoo des Australiers begutachten, sage ich wie alle anderen „awesome". Dann erklärt ein Belgier, dass er morgen mit dem Zug nach Chiang Mai aufbricht. Eine Amerikanerin beglückwünscht ihn zu seinem großartigen Entschluss, denn Chiang Mai sei einfach awesome. Ein Engländer fragt, wo man denn am billigsten seine Wäsche waschen lassen kann, und ein Israeli sagt ihm bei Frau Mai Ling in der Khao San. Die verlange nur 30 Baht pro Pfund. Der Tommy scheint das für einen hervorragenden Preis zu halten, denn er antwortet zufrieden „aaah, awesome". Irgendwann fragt mich jemand, woher ich komme. Ich sage „Dachau nahe München in Deutschland" und ernte mein erstes Awesome. Kommt jetzt auch nicht allzu häufig vor auf Reisen. Meine Fotokamera, eine Canon M5, die ich um den Hals hängen habe, bringt mir gleich anschließend zwei weitere Awesomes ein. Und Awesome Nummer vier und fünf erhalte ich für meine Ankündigung, mir ein weiteres Bier zu holen.

Stattdessen gehe ich rauf in den Schlafsaal. Im unteren Bett liegt wieder der rote Haarschopf. Er schläft. Diesmal kann ich das dazugehörige Gesicht sehen. Es ist kein klassisch schönes Gesicht aber ein interessantes, ein freundliches, ein friedliches. Ich wundere mich, warum ich mich darüber freue, dass sie da ist. Schließlich kenne ich sie ja überhaupt nicht. Leise klettere ich auf mein Bett. Ich weiß nicht, ob es der viele Alkohol ist, aber ich bilde mir ein, sie durch das laute Schnarchen der vielen anderen Leute im Schlafsaal hindurch leise atmen zu hören. Dann schlafe ich ein.

Als ich am nächsten Morgen aufwache, ist das Bett unter mir leer. Weil aber eine des Stehlens unwerte Habseligkeit auf ihrem Bett liegt, weiß ich, dass sie noch nicht abgereist ist. Bei dem Gegenstand handelt es sich um ein in der Mitte aufgeklapptes Buch. Es ist Hemingways Der alte Mann und das Meer. Kein Backpacker auf der Welt würde ein Buch klauen, und schon gar nicht Hemingway.

Für die Nicht-Backpacker unter Ihnen zur Erklärung: Man kann in einem Backpacker-Hostel natürlich alles auf seinem Bett liegen lassen. Das darf man machen. Das Recht dazu kann einem keiner nehmen. Und Backpacker beharren ja gerne auf ihren individuellen Freiheitsrechten. Aber wenn man etwas liegen lässt, kann man sich eigentlich sicher sein, dass es, wenn man wiederkommt, nicht mehr da ist.

In Tel Aviv habe ich erfahren, dass sogar zwei stinkende Socken stehlenswerte Gegenstände darstellen. Und als ich mich einmal in einem Hostel in Peru rasierte, kam eine Pfadfinderin zu mir ins Unisex-Bad und fragte mich, ob ich Shampoo für sie hätte. Sie habe ihres nur zwei Minuten lang auf dem Bett liegen lassen, weil sie Pipi machen musste, und schon war es weg.

Aber Bücher, insbesondere gute Bücher, kann man dagegen ohne Weiteres offen herumliegen lassen. Zwar tun Backpacker immer so, als wären sie belesen und interessiert und open-minded, aber Bücher sind in der Backpackerszene der wohl am seltensten gestohlene Gegenstand überhaupt. Vielleicht abgesehen von Junge-Union-T-Shirts und getragenen Unterhosen. Letztere aber nur, solange keine Japaner im Hostel sind.

Ich mache mich auf und erkunde die Stadt: Tempel hier, Buddha dort, hier ein Königsbild, da ein Königsbild, Tuk Tuk hierhin, Tuk Tuk dahin, Müllberg rechts, Beinamputierter links, Ratte hier, Ratte dort, Gestank überall, und irgendwann wieder zurück ins Hostel. Ich will zwischendrin eine Stunde schlafen, dann wieder zur Khao San, um dort an meinem letzten Abend in Bangkok ein paar Biere zu heben und zu überprüfen, ob dort auch alles mit rechten Dingen zugeht.

Ich gehe in den Schlafsaal und sehe im Bett unter meinem wieder den roten Schopf. Die Frau daran schläft. Als ich aufwache, ist sie weg. Ich verbringe einen entspannenden Abend auf der Khao San und nach einem gemütlichen Spaziergang zurück zum Hostel setze ich mich abseits der anderen Gäste auf eine der Couchen und trinke noch ein bisschen weiter. Ein paar Meter entfernt sitzt wieder eine Gruppe Backpacker. Wieder zeigt einer von ihnen seine tollen Tattoos, wieder fragt einer nach billigem Wäschewaschen, und wieder sagen alle awesome, wenn jemand erzählt, er sei gerade aus Laos oder von den Philippinen gekommen, oder ein anderer, dass heute der erste Tag sei, an dem er endlich wieder festen Stuhlgang habe, nachdem er sich auf einer Fahrt auf dem Mekong eine Lebensmittelvergiftung eingehandelt habe, weil er rohen Flusskrebs gegessen habe. „Aaaah, you`re so cool, awesome."

Als ich in den Schlafsaal gehe, sehe ich sie zum ersten Mal in wach. Sie packt. Ich sage: „Hello, are you leaving?" Sie blickt von ihrem Rucksack auf und sieht mir in die Augen: „Yeah, I`m leaving." Und dann weiter auf Englisch, aber ich erzähle es einfach mal auf Deutsch: „Schön Dich kennen zu lernen, ich bin Ivy aus Brooklyn. Ich habe Dich immer nur schlafend gesehen." Ich sage: „Ja, mir ging es genauso. Hast immer geschlafen, als ich reinkam, und warst immer weg, als ich wieder aufgewacht bin." Ivy hört auf zu packen und setzt sich im Schneidersitz auf ihr Bett. Ich setze mich zu ihr und biete ihr eine Zigarette an. Denn im Schlafsaal des Parnaki Hostel ist das Rauchen erlaubt, solange man es barfuß tut.

Ich frage Ivy, wohin sie aufbricht, und sie sagt „zurück nach Brooklyn". Ihr Taxi zum Flughafen komme in 10 Minuten. Ich sage, das sei schade. „Ja, das ist schade", nickt sie und bläst Zigarettenrauch in die Luft. Dann sieht sie mir in die Augen: „Es ist sehr schade. Und weißt du, warum es sehr schade ist? Weil ich weiß, dass wir uns viel zu erzählen gehabt hätten. Nicht das oberflächliche und angeberische Backpacker-Gewäsch über Gras und Tattoos und darüber, wer irgendwann einmal den größten Skorpion im Schuh hatte. Ich glaube, wir hätten uns mehr zu erzählen gehabt. Etwas Wichtiges, etwas…,

etwas…, etwas Echtes." Ich frage sie, warum sie das denkt, und asche aus dem Fenster. „Weil ich dich beim Schlafen gesehen habe", sagt sie. „Da warst du so ruhig und doch so nervös. Die Finger deiner linken Hand bewegten sich ununterbrochen. Als wollten sie nach etwas greifen, es festhalten und fänden nichts. Aber dein Gesicht war so friedlich. Und ich hab` dich gerade da draußen beobachtet, als du dort allein gesessen und geraucht und Bier getrunken hast. Ich habe gesehen, wie du da so verloren herum saßt. Habe dir angesehen, dass du lieber allein und verloren herum sitzt, statt dich zu den dumpfen Happy People zu setzen. Und ich habe gesehen, dass dir eine Träne über die Wange lief." Ich protestiere: „Ich hab` nicht geweint. Meine Augen tränen manchmal, wenn ich die Kontaktlinsen den ganzen Tag drin habe."

Ivy ignoriert meine Erklärung, nimmt meine Hand und sagt: „Ich glaube, du bist nicht auf Tour, weil du einen draufmachen und dich amüsieren willst. Ich glaube, dass du nicht auf einer Reise bist, sondern auf einer Suche." Sie schließt ihre Augen. Merkt nicht, wie die Asche ihrer Zigarette auf den schmutzigen Boden fällt. „Ich glaube, du reist nicht, ich glaube, du suchst. Genau wie ich. Aber soll ich dir etwas sagen? Ich war jetzt acht Monate unterwegs. Und ich habe nicht gefunden, was ich gesucht habe. Nicht in Vietnam, nicht in Kambodscha, nicht in Laos, nicht in Myanmar, nicht in Indien und schon gar nicht hier in Thailand. Ich habe so viel gesehen und doch nichts gefunden. Gar nichts. Also gehe ich jetzt zurück nach Brooklyn. Dort muss ich wenigstens nicht in billigen Hostels hausen, während ich weitersuche." Sie schluckt. „Ich wäre da draußen gern zu dir rüber gegangen und hätte dich gefragt, wonach du suchst. Aber ich habe mich nicht getraut." Dann wischt sie sich eine Träne aus ihrem Gesicht und drückt ihre Zigarette in einem an der schimmligen Wand montierten Aschenbecher aus. Ich sage: „Du hättest dich ruhig trauen können. Ich beiße nicht." Sie antwortet etwas zu laut für ein mitternächtliches Schlafsaalgespräch: „Darum geht es nicht! Ich hatte Schiss. Richtig Schiss. Gerade hatte ich mich entschlossen, es wieder in meinem alten Leben zu probieren. Es war kein schlechtes Leben, und wenn ich zurückblicke, dann war es sogar ein ziemlich gutes Leben. Und jetzt, am letzten Abend vor meinem neuen alten Leben, soll ich zu einem Fremden gehen und ihn fragen, wonach er denn sucht, auf die scheiß Gefahr hin, dass er und ich das Gleiche suchen oder noch schlimmer: Dass wir vielleicht sogar einander suchen?"

Sie springt auf und schnürt hektisch ihren Rucksack zusammen. Ich frage mich, warum ich sie nicht für verrückt halte. Ich müsste sie doch eigentlich für eine Spinnerin halten. Aber das ist nicht der Fall. Im Gegenteil. Ich sehe diese kleine Frau vor mir, wie sie sich geschickt ihren riesigen Rucksack auf den Rücken wirft, und statt sie für eine Verrückte zu halten, frage ich mich: Was, wenn sie recht hat? Was, wenn diese Begegnung eine Suche beendet, von der ich gar nicht wusste, dass ich auf ihr war? Was, wenn diese unterbewusste Schnitzeljagd mit all ihren falschen Fährten und fehlgedeuteten Signalen hier in diesem schäbigen, nach Tabak, Alkohol und menschlichen Ausdünstungen stinkenden Raum tatsächlich ein Ende hätte? Was dann? Ja, was dann?

In der Tür dreht sich Ivy noch einmal zu mir um: „Goodbye Upper Bed Guy." Ich höre mich sagen: „Geh nicht, Brooklyn Girl, bitte geh nicht." Sie dreht sich weg. Und geht.

Drei Minuten später fälle ich eine Entscheidung. Vielleicht zum ersten Mal in meinem Leben fälle ich eine Entscheidung. Ich springe auf und renne aus dem Schlafsaal, die Treppen hinunter und aus dem Hostel hinaus, an den ratschenden Backpackern vorbei und weiter zur Straße. Dort steht ein Taxi. Der Fahrer schlägt gerade mit einem lauten Knall den Kofferraumdeckel zu. Auf der Rückbank sitzt Ivy. Ich klopfe hektisch ans Fenster. Sie kurbelt es herunter. Mit Tränen in den Augen sieht sie mich an. Ich sage: „Wenn du mich gefragt hättest, wonach ich suche… Wenn ich es wüsste, ich hätte es dir gesagt." Der Taxifahrer fährt los. Ivy lehnt sich aus dem davon fahrenden Wagen und ruft: „Schreib! Schreib es auf! Schreib alles auf!"

Am frühen Morgen muss auch ich aufbrechen. Ich hatte einen Transfer auf eine Insel namens Koh Chang gebucht, von der es in meinem Reiseführer hieß, sie sei touristisch noch relativ unentdeckt. Als ich dort ankomme, lerne ich, dass der Begriff „unentdeckt" in der Reiseliteratur offenbar durchaus flexibel angewandt wird. Aber egal.

Nach stundenlanger Herbergssuche ergattere ich bei einer gewissen Frau Titi ein winziges Zimmer mit Matratze im ersten Stock ihres Holzhäuschens, in dem sie im Erd-geschoss Ausflüge und Tauchertrips vermittelt. Tagsüber. Abends baut Frau Titi ihr Reisebüro ein kleinwenig um, um nachts einem anderen Gewerbe nachzugehen. Ich persönlich habe es nicht gesehen, aber die akustischen Signale deuteten darauf hin, dass Frau Titi im Dunkeln erheblich mehr Kundschaft hat als tagsüber.

Mein Zimmernachbar ist ein Engländer namens Martin. Ich habe meinen Rucksack noch nicht abgelegt, als er sich schon an den windigen Türstock lehnt und mich fragt, ob ich gern Gras rauche. Scheiße, ich war 16 Stunden unterwegs, bin völlig erschöpft, hatte auf der Fähre Schweineinnereien serviert bekommen und gegessen statt der bestellten Meeresfrüchte, und emotional bin ich immer noch vollkommen ivysiert. Was zur Hölle antwortet man in einem dermaßen maladen körperlichen und geistigen Zustand, wenn einem ein Wildfremder Gras anbietet? Natürlich: „Ja, her damit!"

Drei Züge später stellt sich heraus, dass das die falsche Antwort war. Um mich herum dreht sich die Welt in schwindelerregender Geschwindigkeit, und ich kann ihr nicht folgen. Kann ihr noch so oft befehlen, endlich stehen zu bleiben, sie hört einfach nicht auf mich. Martin dagegen ist offenbar immun gegen das Zeug. Er sitzt seelenruhig auf der Treppe, während ich, gleichwohl ebenfalls sitzend, mich verzweifelt darauf konzentriere, nicht umzukippen. „Yeah, das Gras ist gut hier", sinniert Martin, „so gut, dass man es nicht mit Tabak mischen muss." „Aha", sage ich, aber weil das Gras meine Wahrnehmung verlangsamt, klingt es für mich wie „aaaaaaaahhhhhaaaaaaaaaaa". „Yeah", sagt Martin, „das Gras hier ist verdammt nochmal fucking awesome". „Ja, ist echt total awesome", will ich ihm antworten, aber so wie ich es sage, hört es sich an wie „aaaaaaaawsoooooooommmmmm". Ich will noch mehr sagen, bin aber einfach zu langsam. Also redet Martin weiter. Er sei eigentlich ein Lehrer aus London, aber das Leben da sei erstens langweilig und zweitens teuer. Deshalb habe er sich gesagt: Bewirb dich doch um eine Stelle an einer englischen Schule in Thailand. Da kannst du leben wie Gott in Frankreich.

Wenn das stimmt, was Martin sagt, dann können wir durchaus Rückschlüsse darauf ziehen, wie Gott in Frankreich lebt: als Riesenarschloch. Martin jedenfalls gönnt sich hier auf der Insel als Ausgleich zu seinem ach so anstrengenden pädagogischen Wirken in Bangkok jede Nacht eine neue Thai-Freundin. Für den Sex bezahle er nicht, sagt er, er gebe den Frauen einfach ein paar Drinks aus und bezahle ihr Essen. „Die Mädels sollen sich ja nicht wie Nutten fühlen", lacht er. „Die Weiber hier sind echt gut. Kannst mit ihnen machen, was du willst. Beschweren sich über nichts. Und machen dir danach 'nen Cocktail oder Kaffee. Was immer du dir wünscht. Und kosten fast nichts. Zwischen 10 und 15 Pfund die Nacht, je nachdem, wieviel sie halt so essen und trinken."

Ich beschließe, dass Martin und ich keine Freunde werden, verabschiede mich mit wenigen Worten, aber minutenlang, dann krabble ich zurück in mein Zimmer.

Nachdem ich die auf dem Boden liegende Matratze erfolgreich erklommen habe, fahre ich dort noch ein paar Stunden Karussell, versuche vergeblich ein paar Whatsapps nach Hause zu schreiben, höre Frau Titi abwechselnd „Aaaah, that´s so good" und „Oh my god" stöhnen und schlafe irgendwann ein.

Die nächsten Tage verbringe ich mit der Erkundung der Insel. Schöne Natur, wunderbare Strände, nette Fischer, die einen zum Angeln mit aufs Meer hinaus nehmen und ein Straßenrestaurant, in der man Fischsuppe serviert bekommt, die der Herrgott persönlich nicht besser zubereiten könnte. Die Backpacker auf der Insel sind vom selben Schlag wie jene, die ich in Bangkok getroffen habe. Sie reden viel und erzählen nichts. Immer wieder muss ich an Ivy denken und an das, was sie mir aus dem Taxi heraus zugerufen hat. „Schreib es auf! Schreib alles auf!" Aber was denn? Das, wonach ich suche? Scheiße, ich weiß doch gar nicht, dass ich suche, geschweige denn wonach ich suche. Aber was soll´s, sage ich mir und beschließe: Ich werde es ausprobieren.

Mittlerweile habe ich einen netten Bungalow in Strandnähe gefunden. Ohne Nutte im Parterre und ohne Fick-Martin als Nachbar. Ich setze mich auf die Terrasse. Mit einem Bier, einem Kugelschreiber und einem Stoß Druckerpapier, das mir eine freundlich lächelnde Rezeptionistin ausgehändigt hat. Das geschah freilich nicht ohne Missverständnisse. Als ich sie nach Paper fragte, gab sie mir zuerst Zigarettenpapier. Man ist in diesem Teil der Welt nun mal besser auf Joint drehende Touristen eingestellt als auf irgendwelche seltsamen Kerle, die hier plötzlich ihre literarische Ader entdecken.

Ich nippe an meinem Bier und stelle mir wieder die Frage, wonach ich suche. Fange an zu schreiben. Anfangs klappt es ganz gut. Ich schreibe über meine Gefühle. Über das, was mir wichtig ist, was mich beschäftigt, was mich aufregt, was mich verletzt, was mich zu dem Menschen gemacht hat, der ich bin. Aber zu der eigentlichen Frage, wonach ich suche, fällt mir kein einziges Wort ein. Stattdessen schweife ich ab. Und beginne, mir einfach etwas auszudenken.

Ich beschreibe die Insel hier nicht so wie sie ist, sondern wie ich sie mir vorstelle. Ich schreibe, dass ich auf der Fähre Schweineinnereinen gegessen habe, obwohl ich tatsächlich keine Ahnung habe, was ich da in mich reingeschaufelt habe. Der kiffende und herum hurende Martin kommt mir in den Sinn, und ich ertappe mich dabei, wie ich ihn als abgrundtief bösen Menschen beschreibe statt einfach nur als den armseligen und bemitleidenswerten Idioten, der er ist. Ivy kommt mir in den Sinn, und ich schildere sie als wunderschöne, engelsgleiche Frau, die sich vor ein paar Tagen eben nicht zurück nach Brooklyn und in ihr neues altes Leben verabschiedet hat, sondern spontan hierher auf die Insel mitgekommen ist. Gerade eben kommt sie aus der Dusche. Sie hat nur ein Handtuch um ihren makellosen Körper gewickelt, als sie zu mir auf die Terrasse schreitet. Sie stellt mir eine eiskalte Bierflasche auf den Tisch, dann küsst sie mich leidenschaftlich, knabbert an meinem Ohr und flüstert: „Ich geh schon mal ins Bett.

Schreib nicht zu lang. Ich warte auf dich."

Ich merke: Wenn du schreibst, dann gibt es keine Grenzen. Dann bist du der König der Welt. Du kannst schreiben, was immer du willst, es gibt kein Wahr und kein Unwahr, kein Richtig oder Falsch. Es gibt keine Pflichten und keine Regeln. Es gibt nur Freiheit. Es gibt kein Nichts, nur ein unendliches Alles. Wenn du schreibst, dann kannst du das pisswarme, billige Chang-Bier, das du gerade trinkst, zu einem wunderbar kühlen Augustiner machen. Du kannst die kleine Spinne in deinem mickrigen Bungalow zu einer gewaltigen Tarantel machen und deine winzige Behausung zu einer riesigen Villa. Du kannst den versifften Plastikstuhl, auf dem du sitzt, zu einem Thron machen und dein kleines, windiges, zielloses Selbst zu einem tollen Hecht.

Wenn du schreibst, dann kannst du Geschichten erzählen! Mann, du kannst sie einfach mir nichts dir nichts erfinden: einen vernarbten Westernhelden, eine wuchtige Athenerin, einen Profikiller, eine Frau mit V, Sani-Kläuse, Abdul, Hettie und die Bang Brothers, eine Royal Revolution und ja, sogar Frauen namens Ivy, die aus Brooklyn kommen. Gibt es sie alle oder gibt es sie nicht? Jedenfalls sind sie hier. Weil du schreibst!

Expedition ins Tierreich

„Hast Du gelesen die Skandal in die Zeitung heute Morgen?", fragt mich Abdul in heller Aufregung, als ich zu ihm in die Strandbar komme. „Äh, ich hab` seit knapp drei Wochen keine Zeitung gelesen. Was steht denn drin?" „Haben sie kaputt geschossen das letzte Löwe in Ägypten!" „Wusste gar nicht, dass es in Ägypten noch Löwen gibt." Ich setze mich auf meinen Barhocker. „Doch, sehr wohl hat es gegeben noch einen Löwen in diese unsere schöne Ägypten. In die Zoo in dem Kairo droben. Hat er eine Touristin gefressen, weil die in seine Gehege gefallen ist. Hat er sie kaputt gemacht mit seine Zähne. Und dann haben sie ihn total totgeschossen, den Löwen. Total tot." Missmutig gießt er zwei Schnäpse ein und trinkt. Eine osteuropäische Touristin ruft nach mehr Bier. Abdul eilt zu ihr, und ich mache mich ans Schreiben.

Am Wasserloch

„Scheiße, was machen wir mit dem Kerl?", fragt das Nil-
pferd und fläzt sich in den Schlamm. „Was fragst du mich
das?", grantelt der Löwe und rülpst. Ein Brocken Fleisch
fliegt aus seinem Maul und kullert auf den sandigen
Boden, wo er zwei Meter weiter gegen eine Wirbelsäule
stößt und liegen bleibt. „Weil du vielleicht der verdammte
König der Tiere bist. Also lass dir gefälligst was einfallen,
Majestät", mault das Krokodil. „Kann nicht nachdenken.
Mir ist übel", jammert der Löwe und rülpst wieder. „Das
Nilpferd hat recht", sagt das Krokodil. „Können wir echt
nicht so lassen. Schau dir die Sauerei an. Gibt fett Ärger."
Dann wendet es sich an den Flamingo: „Hey, Schwuchtel,
mal rüber hier zum Meister. Ich tu dir auch nichts." Der
Flamingo zögert. „Zier dich nicht so", lockt das Krokodil
ganz freundlich. „Ich hab` was zwischen den Zähnen
und komm nicht hin. Zu kurze Arme. Pick es mir raus
und du hast was gut bei mir." „Ehrenwort?" „Promise.
Beim Leben meiner 300 Kinder", schwört das Krokodil.
Es sperrt sein Maul weit auf. „Steckt ganz hinten." Der
Flamingo streckt vorsichtig seinen Kopf in den Schlund.
„Ganz schön dunkel hier. Und ach Gottchen, wie das
hier riecht." „Erzähl keine Märchen und hol`s raus!
Siehst Du`s?" „Echo, Echo!", ruft der Flamingo und lacht

schallend. Er zieht mit seinem Schnabel einen glitzernden Gegenstand aus dem Maul des Krokodils und springt auf dessen Rücken. „Gibt keinen sichereren Platz als den Rücken eines Krokodils, wenn ein Krokodil in der Nähe ist. Alte Flamingo-Regel", kichert der Flamingo. Dann schielt er auf den Gegenstand, der an seinem Schnabel baumelt. „Ich glaub es nicht! Eine Rolex, eine Rolex! Ich bin reich", frohlockt er und streift sich die Uhr geschickt um seinen linken Knöchel. Stolz streckt er sein Bein in die Runde. „Hab` ich ganz allein gefunden. Wer`s findet, dem gehört`s. Alte Flamingo-Regel." „Passt mir eh nicht", murmelt das Nilpferd.

„Oh, Mann, ich kann`s echt nicht glauben. Eine Rolex! Das heißt, ihr habt einen waschechten Schweizer gefressen. Das gibt Ärger, sowas von Ärger." „Jetzt mach aber mal halblang, Flamingo", mault das Nilpferd. „Es war ein Unfall. Ich kann das erklären." „Was willst du verdammt nochmal erklären?", brüllt der Löwe und muss wieder aufstoßen. Diesmal fliegt ein Finger aus seinem Maul. „Willst du Ranger Tom ernsthaft erzählen, dass du dich in deiner Nilpferdehre gekränkt fühltest, bloß weil ein harmloser Schmetterlingssammler durch dein Lieblingsschlammloch gewatet ist, und du ihn deshalb mir nichts dir nichts totgebissen hast?" „Aber ich hab` ihn nicht gegessen!", insistiert das Nilpferd. „Hab nur ganz leicht schnapp gemacht und ihn dann sofort in Ruhe gelassen." „Stimmt, stimmt, stimmt. Hat er so gemacht", pflichtet ihm der Flamingo bei. „Hab`s genau gesehen. Hat ihn gleich wieder in Ruhe gelassen. Nur mal leicht geschnappt und dann war auch schon wieder gut. Gefressen hat ihn jemand gaaaanz anderes. Und ich zeige jetzt nicht auf andere." Kichernd deutet der Flamingo mit seinen Flügeln auf den Löwen und das Krokodil. „Ja, ja", sagt das Krokodil, „schuldig im Sinne der Anklage." „Kann ich nicht leugnen", knurrt der Löwe. „Was wir jetzt brauchen, ist ein kühler Kopf", sagt das Nilpferd und taucht unter.

Fünf Minuten später taucht es wieder auf. „Ich hab` nachgedacht. Kann man echt nicht so lassen. Geht gar nicht. Leute, wir sind hier in Tansania. Da ist nichts mit fairem Verfahren. Da ist es aus mit uns und sonst nichts. Kurzer Prozess und ab ins Naturkundemuseum." „Oh mein lieber Scholli, ins Naturkundemuseum! In eurer Haut möchte ich echt nicht stecken", ruft der Flamingo. „Also dann mal tschüssikowski. Macht`s gut. Drück euch die Daumen." Der Flamingo spreizt seine Flügel und will davonfliegen. Blitzschnell wirbelt das Krokodil um die eigene Achse, schnappt nach der Rolex am Bein des Flamingos und zurrt das Band so eng um dessen Knöchel, dass der Flamingo die Uhr nicht mehr abstreifen kann. Der Flamingo heult hysterisch auf. „Mitgefangen mitgehangen, Freundchen. Leichenfledderei ist kein Kavaliersdelikt", schmunzelt das Krokodil. „Boa echt jetzt", wimmert der Flamingo, „Ihr Raubtiere seid echt so fies, ey!" Vergeblich zwickt er mit dem Schnabel an der Uhr herum.

„Was ich Euch eigentlich sagen wollte", sagt das Nilpferd, „ich hab` mir da unten die Lösung des Problems ausgedacht mit meinem großen Gehirn. Krokodil und Löwe, ihr müsst ihn einfach ganz auffressen. Ratzeputz. Keine halben Sachen." Es deutet mit vorwurfsvollem Blick und seinem massiven Zeigebein auf den halben Schweizer. „Alle Beweise müssen weg. Und wenn jemand fragt, dann war er nie hier." „Gewalt, Gewalt, Gewalt. Alles was euch Raubtieren einfällt, ist immer nur Gewalt", meckert der Flamingo. „Schnauze halten und die Nahrungskette studieren, mein Lieber", raunzt der Löwe. Dann zum Nilpferd: „Wirklich guter Plan. Aber ich kann nicht mehr. Echt nicht. Der Kerl schmeckt so scheiße, dass ich kein Fitzelchen von dem mehr reinkriege. Weiß auch nicht, was mit dem los ist. Der schmeckt total widerlich. Voll sauer und schimmlig. Mit dem ersten Hunger hab` ich`s nicht so mitgekriegt. Hab einfach reingeschlungen wie ein Wilder und gar nicht gemerkt, dass der scheiße schmeckt. Aber jetzt: No way. Den fass ich nicht mehr an." „Alter, mir geht`s genauso", sagt das Krokodil. „Hab volle Kanne in mich reingefressen und auf einmal hab` ich gemerkt: Scheiße, schmeckt der scheiße. Keinen Brocken krieg ich mehr runter von dem. Keine Chance. Wenn ich allein schon an den rechten Arm von dem denke, wird mir schlecht. Der war so zäh, so steif." „Hör auf, darüber zu reden", ruft der Löwe, „sonst muss ich kotzen." Spricht`s und würgt einen glitschigen Haufen Innereien in den Sand, gefolgt von einem ledernen Brustbeutel. Alle schauen gebannt auf den Beutel. „Mach auf, Flamingo, und schau, was drin ist", ruft das Nilpferd. „Wissen ist Macht." Mit seinem Schnabel zurrt der Flamingo den Reißverschluss auf und zieht ein laminiertes Schriftstück heraus. „Lies vor, lies vor!"

Der Flamingo dreht seinen langen Schnabel zur Seite und fixiert das Dokument mit seinem rechten Auge. „Mitgliedsausweis der AfD Bayern." „Also kein Schweizer?", fragt das Krokodil. „Kein Schweizer", bestätigt der Flamingo. „Bayern liegt in Deutschland. Haben mir ein paar Zugvögel gezwitschert." „Also Deutscher", jammert der Löwe und wird nochmal von einem Würgereiz geschüttelt, aber es kommt nichts mehr raus. „Das sind gute Nachrichten, Jungs", jubelt das Nilpferd. „Ich kenn` mich ja ganz gut aus im braunen Sumpf", sagt es und lässt genüsslich einen fahren. Hinter ihm blubbert es im Wasser. Ein paar Fische springen verzweifelt nach Luft schnappend an Land. „Jetzt mach`s nicht so spannend", drängelt der Löwe und hält sich angewidert die Pranke vor die Schnauze. Das Nilpferd sagt strahlend: „Der ist ein Faschist, Leute. Da sind wir fein raus. Den vermisst keine Sau." „Aber weg muss er trotzdem. Nur so zur Sicherheit", fordert der Flamingo und deutet auf seine Uhr. „Die Zeit rennt. Ranger Tom kann jederzeit angebraust kommen."

„Wir könnten die Hyänen fragen, ob sie nicht den Rest erledigen. Die fressen doch jeden Scheiß", schlägt das Nilpferd vor. „Yeah, die Hyänen machen alles. Die sind echt so krass drauf", pflichtet ihm das Krokodil bei. „Kommt ja sowas von gar nicht in die Tüte!", brüllt der Löwe und springt wütend auf alle Viere. „Nicht die Hyänen, diese dreckigen Wichser!" „Hey, hey", brummt das Nilpferd, „Dreck ist keine Schande." „Hallo, Erde an Löwe, mal locker bleiben und Vorurteile überwinden, wie wär` das denn?", zetert der Flamingo und tippt wieder auf seine Uhr. „Urgente, urgente, wie meine italienischen Vogelfreunde sagen." „Nix da", brüllt der Löwe, „die Hyänen sind und bleiben Arschlöcher. Liegen faul in der Savanne rum, tun den ganzen Tag keinen Handstrich für den Rest der Tierwelt, und wenn du an ihnen vorbei gehst, um nach dem Rechten zu schauen, dann gibt`s nur dumme Sprüche und albernes Gekicher. Faules Gesindel sind die, sonst nichts. Lieber steh ich aufrechten Hauptes im Museum als dieses nutzlose Völkchen um Hilfe zu bitten. Hyänen, stinkende Maden am Arsch von Mutter Natur." „War ja nur so`n Vorschlag", sagt das Nilpferd und furzt nochmal kräftig. Plötzlich spitzt es seine Ohren. „Pssst. Motorengeräusche."

Am Horizont erscheint eine Staubwolke. „Scheiße. Ranger Tom kommt", brüllt der Löwe. „Aufräumen, aufräumen", schreit der Flamingo. Das Nilpferd springt behände aus seinem Wasserloch und setzt sich mit seinem breiten Hintern auf die Essensreste. Der Löwe tritt im Stile eines Fußballprofis schwungvoll den Kopf des AfD-Mannes 50 Meter weit ins Wasserloch. Das Krokodil liest gewissenhaft kleine Speisereste und Stofffetzen vom Boden auf und schluckt sie widerwillig herunter. „Die Uhr, die Uhr, die Uhr", schreit der Flamingo und sucht verzweifelt nach einem Versteck.

Zu spät. 20 Meter vom Wasserloch entfernt stoppt ein alter, klappriger Land Rover. Ranger Tom kurbelt das Fenster herunter und schaut zu den Tieren. Ihm bietet sich folgende Szene: Ein Nilpferd sitzt gemütlich neben einem Löwen, direkt neben dem Löwen ein Flamingo, der sein linkes Bein tief in das halb geöffnete Maul eines riesigen Krokodils streckt, das friedlich neben ihm liegt. Die vier Tiere schauen unschuldig in die Luft und pfeifen Give Peace a Chance. Langsam öffnet Ranger Tom die Tür, steigt aus und geht vorsichtig ein paar Meter auf das skurrile Quartett zu. Dann dreht er den Tieren den Rücken zu, zückt sein Handy und schießt ein Selfie mit den Vieren im Hintergrund. Anschließend läuft er schnell zurück zum Wagen, springt hinein, knallt die Tür zu und tippt auf seinem Handy herum.

Wenige Sekunden später erscheint ein Foto auf Facebook und Instagram: „Serengeti National Park. Friedlicher geht`s nicht. Meine lieben Tiere und euer Ranger Tom." Voller Vorfreude auf die vielen Likes aus aller Welt fährt Ranger Tom davon. Das Nilpferd, der Löwe, das Krokodil und der Flamingo verharren noch so lange in ihren Posen, bis der Land Rover verschwunden ist. Dann zieht der Flamingo vorsichtig sein Bein aus dem Maul des Krokodils und fliegt los. „Bis die Tage, Jungs." Der Löwe brüllt ihm hinterher: „Wenn jemand fragt: Es waren die Hyänen!"

Zu viele Inder

Das Urlaubmachen erweist sich als nicht gerade unangenehm. Ich rufe in der Arbeit an und bitte um drei weitere Wochen. Ja, das ließe sich schon machen, meint der Personalabteilungsmensch, aber die Hälfte wäre unbezahlt, weil der Jahresurlaub würde nicht reichen und überhaupt seien wir hier ja nicht beim Wunschkonzert. „Dann machen wir das so. Fifty-fifty. Alles Weitere geht dann ganz auf mich. Also dann bis irgendwann mal. Dankeschön und Grüße an alle", plärre ich ins Handy, denn die Verbindung von Goa nach Dachau ist nicht besonders gut. Ach, hab` ich ja noch gar nicht erwähnt. Bin nach Goa weitergeflogen.

„Goa ist auch nicht mehr das, was es mal war", sagt Achim und schnippt seinen Joint auf einen Haufen Kuhscheiße am Straßenrand. Die Pause ist vorbei. Er steigt auf den Roller und ich hinter ihm auf den Rücksitz. Achim ist ein unterhaltsamer Zeitgenosse, durchaus intelligent, und seit er regelmäßig Yoga macht, tickt er auch nicht mehr so oft aus wie früher, sagt er. Ist jetzt die Ruhe selbst. Das ist nicht unwichtig hier im Straßenverkehr. „Den lassen wir noch durch", murmelt er am Straßenrand vor sich hin. „Den lassen wir auch noch durch. Den auch noch. Aber dann. Ach, den auch noch. Und den noch, aber jetzt fahr ich gleich los." Plötzlich reißt er am Gas und wir schießen auf die Straße, hinein in den Wahnsinn. Achim und ich, ein bekifftes Doppelgeschoss, angetrieben von Abenteuerlust, Billigsprit und einem knatternden, hustenden Zweitaktmotor.

Ich habe Achim am Flughafen von Goa kennenge-lernt. Er stand am Taxistand und machte den Eindruck, Deutscher zu sein. Ich sprach ihn an. Wie es der Zufall wollte, war Achim nicht nur Deutscher sondern hatte auch noch das gleiche Reiseziel: Anjuna, ein kleines verschlafenes Nest an der indischen Westküste. So jeden-falls beschrieb es mein veralteter Reiseführer. Wir teilten uns ein Taxi. Auf der Fahrt klärte mich Achim über die Eigenheiten Indiens und die Absonderlichkeiten Goas auf. Außerdem unterhielten wir uns über die aktuelle Situation seines Lieblingsvereins Arminia Bielefeld, über dessen Wohl und Wehe er erstaunlich viel zu berichten wusste für einen Mann, der seit 15 Jahren in Australien lebt, wo er sein Geld als Metzger verdient. Eine Zeitlang sogar als leidlich bekannter TV-Metzger, der in seiner Show über Gott und die Welt philosophierte, während er mit einer Hilti-Kettensäge Rinderhälften zersägte oder händisch meterweise Blut- und Leberwurst in Schweine-därme abfüllte. Kam ganz gut an bei den Aussies. Aber nach der dritten Staffel war dann doch Schluss. Hatte sich irgendwann alles wiederholt. Nicht das Sägen und Wursten, das fanden die Zuschauer immer wieder geil, sondern Achims Philosophie. Aber egal. Jetzt hat er wieder mehr Zeit fürs Reisen. Achim ist einer jener Menschen, die immer wieder hierher nach Goa kommen. Bisschen Seele baumeln lassen. Bisschen relaxen. Bisschen chillen. Bisschen Yoga machen. Bisschen kiffen.

Achim ist ein netter Kerl, aber wenn ich hinter ihm auf dem Roller sitze, habe ich ein Problem. Zwei Ängste kämpfen, ach, in meiner Brust. Der Sozius ist winzig klein und Achims ausladendes Hinterteil riesengroß, sodass es fast über die gesamte Sitzfläche quillt. Vom Sicherheitsaspekt aus betrachtet wäre es vernünftig, ganz nah an Achim heran zu rücken, mich eng an den fleischigen Fleischermeister zu schmiegen, um ja nicht hintenüber vom Roller zu purzeln, wenn Achim uns rasant um eine Haarnadelkurve jagt oder durch ein Schlagloch von der Größe Österreichs peitscht. Aber ich will mich einfach nicht an Achim anschmiegen. Will nicht auf Löffelchenstellung machen und meine Schenkel von hinten an den Schwabbel-Achim drücken. Fuck, Rollerrücksitze sind einfach nicht für Heteros gemacht. Ich halte Abstand vom Schwabbel und rücke weit nach hinten. Das macht meine Sitzposition ziemlich wackelig, aber das versuche ich dadurch zu kompensieren, dass ich meine Hände mit der Kraft einer russischen Ringerin wie zwei Schraubstöcke um den Haltegriff hinter mir winde.

Während Achim den knatternden Roller im Zickzack durch einen nicht enden wollenden Wust aus Indern, Kindern, Kühen, Hunden, autoähnlichen Fahrzeugen, Tuk Tuks und Lkw manövriert, schwöre ich mir beim Leben Leonard Cohens, so einen Schmarrn nie, nie wieder zu machen.

In Bangkok hatte ich mir das Gleiche geschworen. Damals schwor ich beim Leben Lemmy Kilmisters, den der Herrgott wenige Tage später zu sich rief. Ein Motorrad-Taxler hatte mich, meinen Rucksack, meine Kameratasche und fünf Paletten Chang-Bier, die er auf halber Strecke von einem Bekannten am Straßenrand entgegennahm und die offenbar in die gleiche Richtung transportiert werden wollten, von der Central Station zur Khao San Road gerast, wo ich anschließend aufs Trottoir herniedersank und dem Herrn auf Knien dankte, dass ich noch am Leben war.

Während ich mir jetzt also wieder schwöre, so etwas wirklich nie, nie wieder zu tun, weil ich will ja am Leben bleiben, ich will leben und verdammt nochmal nicht am knochigen Hinterteil einer mageren Kuh zerschellen, die mal eben Lust hat, ohne zu blinken die Spur zu wechseln; während ich mir auf dem Rücksitz also schon in bunten Bildern mein nahes Ende ausmale, rast Achim in die nächste Kurve, nimmt locker eine Hand vom Lenker und deutet auf ein Haus auf einer Anhöhe. „Die Villa da oben hat mal einer Russin gehört. Von der hat ewig keiner gewusst, was sie da macht. Bis eines Tages ein alter, dicker Milliardär aus Mumbai tot über ihr zusammenbrach. Herzinfarkt. Hehe, war `ne Nutte. Hat ihn totgefickt, hehe." Als er wieder die Hand an den Lenker nimmt, kann ich mich zumindest soweit entspannen, dass ich antworten kann. „Haha, totgefickt. So stirbt man gerne." Aber doch bitte nicht als Beifahrer eines deutsch-australischen Metzgermeisters. Am Ende heißt es im Kondolenzbrief der Deutschen Botschaft an meine Eltern: „Womöglich mag Sie über Ihren tragischen Verlust hinwegtrösten, dass Ihr Sohn in den Armen seines Liebsten starb." Unwillkürlich rücke ich noch ein paar Zentimeter weiter nach hinten.

Plötzlich bremst Achim. Vor uns winkt ein uniformierter Inder geschäftig mit einer Kelle. Achim fährt links ran. Ohne unseren Roller auch nur eines Blickes zu würdigen, sagt der Ordnungshüter in vorwurfsvollem Ton auf Englisch: „Sie haben viel zu wenig Luft im Hinterreifen. Das ist ein schlimmes Vergehen." Achim und ich sehen uns verdutzt an. Dann sagt er auf Deutsch zu mir: „Ich mach auf keine Kohle." Ich sage: „Okay. Und ich mach auf nix verstehen." Der Polizist macht auf pflichtbewusster Beamter: „Der Bundesstaat Goa sieht harte Strafen vor für alle, die sich nicht an die Verkehrsregeln halten." Achim nickt schuldbewusst. Ich schaue dumm wie ein Schaf in der Gegend herum. „Zu wenig Luft im Hinterreifen ist sehr gefährlich für Sie und alle anderen Verkehrsteilnehmer. Das kostet 1500 Rupien." Achim und der Polizist beginnen zu verhandeln. Währenddessen tuckert ein Mofa mit fünf Personen an uns vorbei, gefolgt von einem Rollerfahrer, der eine zwei Meter hohe Standuhr quer über seinen Rücksitz gezurrt hat. Achim macht auf Petze, schnippt mit den Fingern und deutet auf den Uhrentransporteur. Der Polizist ist davon wenig beeindruckt: „Dieser Mann ist Inder. Er weiß, was er tut. Sie schulden mir 750 Rupien." Achim sagt, er habe nur 50 dabei. Für den Rest müsse er nach

Anjuna zurückfahren. Und das sei sehr gefährlich mit zu wenig Luft im Hinterreifen und deshalb wohl kaum im Sinne eines gewissenhaften indischen Polizeibeamten. Dann fragt Achim grinsend: „Haben Sie eine Luftpumpe für mich?" Der Polizist antwortet ungerührt: „Versuchen Sie nicht, lustig zu sein. Sie sind nicht lustig." Er erhöht auf 900. Achim sagt zu mir, ich soll mal 500 rausholen, das könnte passen. Tatsächlich gelingt es mir, einen einzelnen 500er aus meiner Hosentasche zu pfriemeln. Strahlend strecke ich dem Polizisten den Geldschein entgegen. Der Inder schnappt ihn sich und steckt ihn blitzschnell ein. Dann tippt er Achim auf die Schulter. „Es fehlen noch Ihre 50." Achim gibt sie ihm und fragt: „Können wir eine Quittung haben?" „Versuchen Sie nicht, lustig zu sein", sagt der Polizist und scheucht uns weiter.

Als wir losfahren, muss ich laut lachen. „Mann", rufe ich, „wir haben keinen Helm auf dem Schädel, keinen Führerschein und keine Versicherung, du bist total bekifft, und der Kerl nimmt uns wegen zu wenig Luft im Reifen hoch. In Deutschland kämst du vor Gericht und hier kostet`s mal eben 500 Gandhis." Das sind sieben Euro und ein paar Zerquetschte. Statt Rupie sage ich immer Ghandis, weil die Inder auf jeden Geldschein das Antlitz von Mahatma Gandhi drucken. Ich finde das ziemlich lustig, weil Gandhi wohl der erste Mensch seit Jesus war, dem Geld wirklich sowas von egal war. Da könnte man auch mal locker das Antlitz von Ex-Papst Benedikt dem Was-weiß-ich-wievielten auf Kondomverpackungen drucken.

Wenig später sitzen wir in einer Strandbar in Calangute und trinken Bier. „Da siehst du, warum Goa nicht mehr das ist, was es mal war", sagt Achim und deutet auf den Strand. „Zu viele Inder." Er hat Recht. Der Strand ist tatsächlich voller Inder. Aber ich verstehe nicht, was daran ungewöhnlich, geschweige denn schlimm sein soll. Wir sind ja schließlich in Indien. Ist doch irgendwie klar, dass, wenn man nach Indien fährt, da Inder sind. Aber ich entschließe mich dazu, nichts zu sagen. Es ist einfach zu heiß, um eine Diskussion über deutsche Arroganz und Rassismus anzufangen. „Ja, ganz schön viele Inder", nicke ich.

Zwei Tage später sitze ich ein meiner Stamm-Strandbar in Anjuna. Ich bin auf der Suche nach Inspiration und trinke Bier. Herrlich. Die Grillen zirpen, die Vöglein zwitschern, das Meer rauscht. Blödsinn. Stimmt gar nicht. Die Krähen krächzen, die Hunde bellen und das Rauschen des Meeres ist nicht zu hören, weil überall Goa-House-Musik aus scheppernden Lautsprechern dröhnt. Plötzlich tippt mir jemand auf die Schulter. „Haste mal Feuer, mein Freund?", fragt mich der Tipper. Er sitzt am Nebentisch und sieht aus wie Dennis Hopper in Easy Rider, nur mit den Falten aus True Romance. Keine Ahnung, woher er weiß, dass ich Deutscher bin. Aber ich hab`s Achim ja auch angesehen. Ich hätte immer ganz gern, dass die Leute mich für einen Franzosen halten. Mais c´est la vie. Man kann nicht alles haben. Ich reiche Dennis Hopper mein Feuerzeug. Er zündet sich einen Joint an. „Na, dann mal viel Spaß", wünsche ich ihm und will mich wieder meiner

Schreiberei widmen. „Bedankt", sagt Dennis Hopper, „Spaß kann ich tatsächlich gut gebrauchen." Er nimmt einen tiefen Zug. „Ist hier nämlich nicht mehr so schön hier wie vorher." „Zu viele Inder?", frage ich. „Du sagst es, mein Lieber."

Er bestellt ein Bier. Der Kellner wackelt devot mit dem Kopf und huscht davon. Dann wendet sich Dennis Hopper wieder mir zu, zieht verstohlen am Joint und sieht mir mitleidheischend in die Augen. Ich lege meinen Kugelschreiber zur Seite und frage: „Lust, mir deine Geschichte zu erzählen?" Dennis Hopper strahlt und zeigt zwei Reihen fauler Zähne: „Gut, dass du fragst, Jungchen. Also, das fing so an: Ich bin vor 30 Jahren hier runter. Hab vorher ganz hübsch verdient. Beim Film. Hab das Licht gemacht für den Herzog und den Wedel und so. Auch bisschen Traumschiff. Und ab und an mal was für den Otto Waalkes und den Hallervorden. Lief echt gut. Taschen voller Geld. Weiber auf´m Rücksitz und überall in der Wohnung. War schon schön. Aber dann hab` ich gehört, dass es dieses Goa hier gibt. Schönes Wetter, schöne Strände, schönes Meer. Krebse und Garnelen und Langusten in die Fresse, bis du sagst, du kannst nicht mehr, und Motorbikes und Dope bis zum Abwinken. Große Freiheit soweit das Auge reicht und Weiber so willig wie frisch aus dem Waschsalon. Da hab` ich meine Lebensversicherung aufgelöst und hab hier rüber gemacht. Hab hier gelebt wie Gott in Frankreich." Ach Mann, nicht schon wieder Gott in Frankreich. Dennis Hopper redet weiter: „Haben eine richtig nette Siedlung aufgemacht, droben bei Arambol. Jeder eine kleine Hütte, sogar mit

Strom und Sitzklosett, drum herum hübsch Palmen und 100 Meter weiter das Meer. Hatten´s schön da oben, richtig schön. Und soll ich dir was sagen?" Ich nicke. „Hab nicht mal ran gemusst an die Ersparnisse. Ging so null auf null raus. Haben nämlich fleißig gegärtnert da oben. Gras und so. Das, was wir übrig gelassen haben, haben wir verkauft. Davon haben wir leben können wie, ähm, wie... wie..." „Gott in Frankreich?", frage ich. „Schön gesagt, mein Freund. Du verstehst mich", freut sich Dennis Hopper, stößt mit mir an und trinkt sein Bier auf einen Zug fast leer. Er zieht an seinem Joint, hustet ausdauernd und rachitisch, spuckt einen grünen Schleimbatzen in den Sand und spricht weiter: „Aber kein Paradies ist für immer. Hat der liebe Gott schon gewusst und Adam und Eva persönlich einen Arschtritt verpasst. Hier ist es genauso. Heute ist hier alles so wie überall. Geht nur noch um Kohle. Leider nicht um meine. Wir waren hier mal wer. Deutsche, Engländer, Amis, Franzosen, Schweden. Alles feinste Charaktere, sag ich Dir. Aber dann hat der Inder irgendwann selbst gemerkt, dass es hier ganz schön schön ist und dass der Spaß hier an den Sträuchern wächst. Jetzt macht der Inder selber hier Urlaub. Fliegen jedes Wochenende Sonderschichten zwischen Mumbai und Goa, um den Inder hierher zu bringen. Hier säuft er und feiert und kifft und kotzt dann alles voll. Und dann hat der Inder auch noch das Gärtnern übernommen. Hat uns voll rausgedrängt aus dem Business. Der Inder hat die Bullen bestochen und die sind einmarschiert in unser Dorf. So mit Schießeisen und Pengpeng. Dem Schweden-Ole haben sie ohne mit der Wimper zu zucken

137

mitten ins Hirn reingeballert, weil er die Hände nicht gleich hochgenommen hat. Und vier andere Kumpels von mir sitzen noch fünf Jahre lang ein. So mal mir nichts dir nichts von Plantagenbesitzern zu Sing-Sing-Einsitzern. Mich haben sie nicht drangekriegt damals. Mir konnten sie nichts anhängen. War auf Prostata-OP in good old Germany. Die Jungs hier haben mich nicht verpfiffen. Echt feinste Charaktere, sag ich dir. Aber Scheiße, alles ist anders seitdem. Nicht mehr so schön." „Seit wann?", frage ich. „Ach, seit irgendwann." Er zieht nochmal an seinem Joint und scheint langsam weg zu dämmern. Dann zuckt er plötzlich am ganzen Körper und ist wieder hellwach. Er mosert: „Die Strände voll mit dem Inder, die Bars voll mit dem Inder, ganz Goa voll mit dem Inder. Jetzt muss sogar ich, der Letzte der legendären Magic Farmers, mein Gras beim Inder kaufen. Scheiß doch die Wand an. Ist echt nicht schön. Ist unschön. Echt unschön."

Plötzlich kann ich mich nicht mehr zurückhalten. Ich beschließe, endlich das zu tun, was ich schon mit Achim hätte tun sollen. Und so hole ich an dem alten, fremden Mann das nach, was ich bei Achim verpasst habe. „Erde an Hippie", rufe ich und wedle mit meiner Hand vor seinem Gesicht. „Goa ist in Indien. Es gehört den Indern und nicht dir. Du bist hier verdammt nochmal nur Gast." Erstaunlicherweise ist Dennis Hopper keineswegs gekränkt. „Aber ein guter Gast bin ich, ein verdammt guter Gast, kann ich dir sagen." Er stößt seine Bierflasche gegen meine. „Prost. Und andere Perspektive, mein Freund", sagt er. „Das mit dem Inder hier ist auch eine ökologische Katastrophe. Der Inder fährt hier den ganzen Tag Jetski und Bananenboot und was weiß ich was. Das macht ihm Spaß, dem Inder. Strand rauf, Strand runter, Strand rauf, Strand runter. Wie die Bekloppten. Schau dir den Strand an. Schwarz wie die Nacht von dem ganzen Sprit. Als hätten tausend Hunde mit Dünnpfiff drauf geschissen." Ich muss zugeben, dass mir das mit dem Diesel verschmutzen Strand auch schon aufgefallen ist. „Und schau dir den Inder an, wie er den ganzen Tag seinen Müll überall hinschmeißt." „Also wer jetzt den ganzen Müll irgendwohin wirft, weiß ich echt nicht", sage ich. „Aber ich weiß es! Der Inder! Der scheiß kackbraune, Kopf wackelnde, schnauzbärtige Inder!", schreit Dennis Hopper. „Wouhou, ruhig Blut", sage ich, „Du hörst Dich ja an wie einer von den Pegida-Leuten." „Keine Ahnung von was du da redest, mein Freund, aber eines sag ich dir: Ohne den Inder wäre Goa viel, viel besser dran. So wie früher. Da war`s noch richtig schön schön hier." „Jaja, früher war alles besser", sage ich müde. „Darauf stoßen wir an", ruft Dennis Hopper. „Schöner Spruch. Ganz schön schöner Spruch. Woher haste den? Könnte von mir sein. Muss ich mir merken." Er trinkt sein Bier aus, drückt den Joint in den Sand und steht auf. „War schön mit dir zu schnacken, Jungchen, aber jetzt muss ich wirklich los. Also peace, my friend. Und meld` dich, wenn was ist." Während Dennis Hopper auf seine Royal Enfield steigt und knatternd davon braust, muss ich herzlich lachen über diese hohle Phrase. Schließlich kenne ich nicht mal seinen Namen.

Ich widme mich wieder meiner Schreiberei. Wo war ich stehen geblieben? Ach ja. Ich hatte gerade von meiner Begegnung mit einer russischen Balletttänzerin geschrieben. Ich hatte sie auf meiner Autofahrt von Nowosibirsk nach Wladiwostok in einer eiskalten Vollmondnacht vom Straßenrand aufgelesen, wo ihr klappriger Lada offenbar endgültig den Geist aufgegeben hatte. Ich rettete sie vor dem sicheren Erfrierungstod, der bei Frauen ihrer grazilen Statur bei minus 25 Grad ja recht rasch eintreten kann. Die Balletttänzerin war gerade dabei, sich recht herzlich für die Lebensrettung zu bedanken. Per Handschlag, nicht dass Sie jetzt da jetzt irgendetwas Schweinisches hineininterpretieren in meine Phantasie. In meiner Phantasie herrschen Zucht und Ordnung. Jeglicher Schweinkram ist ihr bedauernswerterweise völlig fremd.

Aber als ich jetzt so aufs Meer hinaus schaue, wo die Jetski und Bananenboote und Speedboats wild hin und her rasen, und wo sich eine große Welle gerade anschickt, wieder ein paar schwarze, ölige Klumpen an den Strand zu werfen, da kann ich mich irgendwie nicht mehr richtig auf meine Ballett-Olga konzentrieren. Rasch löse ich den imaginären Handschlag mit ihr und sage bedauernd „Njet, Olga". Sie schaut mich zutiefst enttäuscht an, aber ich greife entschlossen zum Stift und schreibe: „In Goa tun die Fremden so, als ruinierten die Einheimischen das Land. In Deutschland tun die Einheimischen so, als ruinierten die Fremden das Land." Ich nippe an meinem Bier. Dann schaue ich wieder hinaus aufs Meer. Scheiße, ich weiß echt nicht, wo ich irgendwann mal als Rentner mein Bier trinken soll.

Mein Handy vibriert. Über Messenger bekomme ich eine neue Nachricht. Sie ist von Achim. Er schreibt: „Bin zurück in Australien. Hab den Tag mit dir sehr genossen. Schöne Rollerfahrt. Meld` dich beim Metzger, wenn du mal in Australien bist und Lust auf ein gutes Stück Fleisch hast. Augenzwinker-Emoji." Fuck! Nie mehr Rollerrücksitzfahren, schwöre ich mir. Beim Leben von Donald Trump. Mit Australien streiche ich mal eben einen ganzen Kontinent von der Liste meiner potenziellen Rentnerdomizile. Ich glaube fast, ich werde als Rentner in Deutschland bleiben. Und Ballett-Olga bringt mir die Tabletten. Die Prostata-OPs sollen da ja auch ganz gut sein.

Es gibt Orte auf dieser Welt, die sind einfach von atemberaubender Schönheit. Bis die Touristen kommen. Der winzige indische Bundesstaat Goa ist einer davon. Traumstrände mit kristallklarem Wasser, sanfte Hügel mit dichten Wäldern, freundliche Menschen, lachende und spielende Kinder all überall, Kneipen und Bars, in denen das Geld noch etwas wert ist, und ein Polizeiapparat mit angenehm lässiger Einstellung zu Regeln, Verboten und Betäubungsmitteln. Goa ist ein Paradies für Touristen, und wie es nun mal so vielen Touristenparadiesen ergeht, sind seine Tage längst gezählt.

Nachdem der Norden Goas mittlerweile von Touristenhorden völlig überrannt, verschmutzt und zugemüllt wurde, dass der Sau graust, geht es nun auch dem Süden an den Kragen. Palolem sei wunderschön, heißt es, aber auch dieser Traumstrand im Süden dröhnt und scheppert mittlerweile längst so laut wie der Ballermann. Die Speerspitze des Massentourismus, die Avantgarde der Rucksackreisenden, ist längst ein Stück weiter nach Süden gezogen. Nach Patnem Beach. Wie die Heuschrecken fallen die Touristen über Goa her, und wo sie erst einmal in Massen fressen, saufen und scheißen, da ist Schluss mit lustig.

Ich sitze in Patnem am Strand, trinke kühles Kingfisher Bier und blicke gedankenverloren aufs Meer hinaus, wo die Fischer gerade die Netze aus dem Wasser in ihre hölzernen Katamarane ziehen. Hinter ihnen versinkt die Sonne im Meer und taucht die Szene in rotgoldenes Licht. „Du solltest nicht hier sein", murmelt Horst, der neben mir im Sand sitzt. Er hat schon deutlich mehr getrunken als ich. Horst ist mein neuer imaginärer Freund. Auf meinen Alleinreisen lege ich mir gegen Urlaubsende ganz gerne einen imaginären Freund zu. „Schnauze", fahre ich ihn an. „Ich will einfach nur hier sitzen, aufs Meer schauen und relaxen." „Das wollen sie alle", flüstert Horst. „Aber wenn es dann alle machen, dann geht alles kaputt hier. Überall Bierdosen, Kippen, Plastiktüten und Kondome, in denen sich die Schildkröten verheddern." Ich zeige Horst einen Vogel. „Jetzt mach mal halblang", sage ich. „Schildkröten, die sich in Kondomen verheddern. So ein Schmarrn. Außerdem trinke ich kein Dosenbier, ich werfe meine Kippen in den Abfalleimer und habe keine Plastiktüten, sondern einen Jutesack. Und Kondome brauch ich auch nicht. Sexfreier Urlaub machen als ich, das kriegt nicht

142

mal der Papst hin." Horst wirft sich in den Sand und kringelt sich vor Lachen. „Hehehe, ich wusste, dass ich dich damit provozieren kann, du pseudo-entspannter Ökofuzzi. Aber recht hab` ich trotzdem. Die Touris werden in Massen kommen. Tausende und Abertausende werden es sein. Millionen und Abermillionen. Und sie werden ihre Kippen nicht mitnehmen und in den Müll werfen, sondern sie werden sie genau hier in den Sand stecken. Sie werden ihre Einkäufe in Plastiktüten ins Hotel schleppen und nicht in einem schwulen Jutesack. Und sie werden ihre Bierdosen genau hier ins Meer werfen. Dann werden sie geil und fickrig, weil Alkohol und Gras enthemmt ja nicht so schlecht, und dann werden sie bumsen, genau da, wo du jetzt sitzt. Massenweise bumsen werden sie. Grenouilles Orgie in Grasse war dagegen ein keuscher Tanztee im Seniorenheim Waldesruh. Die anderen Touristen sind nämlich nicht so verstockt wie Du. Die wissen, wie man sich amüsiert und nach allen Regeln der Kunst einen wegsteckt. Die wissen das ganz genau. Ganz genau wissen die das. Und ihre glitschigen Gummis schmeißen sie danach zu ihren Bierdosen ins Meer. Die armen, armen Schildkröten und Krabbenkinder. Ich kann gar nicht hinschauen, so traurig ist das."

„Ja, dann schau halt mal hin", plärre ich ihn an. „Ist doch alles gut hier. Alles sauber. Nix Kippen, nix Plastik, nix Dosen, nix Gummis." „Noch, mein Lieber, noch! Und deine urigen Fischer da draußen kannst du dir auch gleich an den Hut stecken, wenn hier bald die Jetski herumdüsen und die Bananenboote und die Party-Yachten. Dann ist Schluss mit romantisch Fischifischi machen. Dann sitzen deine edlen Wilden hier träge am Strand und murmeln jedem Touri zu, der an ihnen vorbei wankt: ‚Was zum Rauchen, mein Freund? Gutes Gras, guter Preis.'" „Scheiße, nächstes Mal nehme ich mir keinen Ökoterroristen und Sozialapokalyptiker zum imaginären Freund", maule ich und frage: „Und was soll ich jetzt machen? Ich kann doch auch nichts dagegen tun. Das ist der Lauf der Welt. Die Welt dreht sich und mit ihr das Touristenkarussell, und ich kann das alles doch nicht einfach stoppen." „Von wegen, mein Lieber", sagt Horst. „Kannst du wohl. Du hältst dich doch für einen Schrei-berling oder sowas." „Ja und?" „Dann schreib`s halt auf! Schreib den Leuten, dass sie nicht hierher kommen sollen. Schreib, dass sie hier nichts zu suchen haben. Schreib: Ab Patnem Beach wird zurückgeschossen. Da werden keine Gefangenen gemacht. Jeder Schuss ein Russ. Jeder Stoß ein Franzos. Jedes Messer ein Spaghettifresser. Jede Mine eine Schwedenblondine." „Das bringt doch nichts. Und deine Nazisprüche kannst du dir sparen, du Arschloch", schimpfe ich meinen imaginären Freund. Aber der hört mir gar nicht mehr zu. „Schwedenblondine", fängt er zu sabbern an, „Schwedenblondine!" Er springt auf, reißt sich seine Wehrmachtsuniform vom Leib und rennt nackt ins Meer. Seine Riesenlatte schwingt vor ihm hin und her. „Schwedenblondine, warte auf mich. Ich komme, ich komme!"

Horst kam nicht mehr zurück. Ich habe ihn nie wiedergesehen. Was soll`s. War der schlechteste Freund, den ich mir jemals ausgedacht habe. Von wegen guter

Preis, gutes Gras. Ich wanke zurück in meine Unterkunft, ein schäbiges Kabuff mit Schimmel an den Wänden und einer latent aggressiven Riesenspinne im Bad, die seit drei Tagen verhindert, dass ich mir die Zähne putze, geschweige denn dusche. Ich liege auf dem harten, versifften Gegenstand, den mein Vermieter beim Einchecken als Bett bezeichnete. Der Ventilator über mir wummert monoton vor sich hin. Ich denke an Horst und wie er mit seiner Monsterlatte im Meer versank. Was für ein Spinner. Aber hatte er nicht doch recht? Soll ich tatsächlich schreiben, dass die Leute nicht hierher kommen sollen? Mich damit über sie erheben? Ihnen sagen: „Ich war da, aber ihr habt hier nichts zu suchen."? Soll ich mich über die Einheimischen erheben und ihnen sagen: „Danke, dass ihr hier so nett zu mir seid, aber ich werde allen sagen, dass sie nicht zu Euch kommen sollen."?

„Nein, das kann ich nicht!", brülle ich den Ventilator an. Trotzdem stehe ich auf und setze mich auf meinen Plastikstuhl an meinen Plastiktisch, wo Papier und Stift seit Tagen unberührt herumliegen. Und fange an zu schreiben. „Mach´s gut, mein Freund Horst", proste ich in die Luft.

Die Oberland-Anfrage

Neun Wochen später komme ich zurück nach Dachau. In der Arbeit gibt mir der Personalabteilungskerl zu verstehen, dass das gefälligst eine einmalige Eskapade war mit dieser ewigen Urlaubmacherei. Wenn es nach ihm ginge, hätte er mich schon längst hochkant rausgeschmissen, aber das gehe nicht, weil der Chef mich mag. Ich kündige. Geht ganz einfach. Abgesehen davon, dass man dann sein ganzes privates Zeugs aus dem Büro schleppen muss. Meine Kollegin Alma hilft mir, meinen Gummibaum aus dem Büro zu tragen. „Was willst du denn jetzt machen?", fragt sie mich. „Schreiben und lesen." „Und davon kann man leben?" „Hoffentlich. Mein Geld reicht noch für ein halbes Jahr. Bis dahin hab` ich`s hoffentlich geschafft." „Und wenn nicht?", schaut Alma mich aus großen Augen an. „Ja, wenn nicht, ist`s scheiße." Alma schüttelt verständnislos den Kopf. „Du hast echt einen an der Klatsche." „Du hast ja recht", sage ich.

In Ägypten und Goa habe ich eine Menge Geschichten geschrieben. Ich verbringe die nächsten Tage damit, sie in meinen Laptop zu tippen und ihnen den Feinschliff zu geben. Weil ich ja jetzt arbeitslos bin, steige ich von echtem Bier auf Bier vom Lidl um. Ist deutlich billiger und prallt genauso.

Ich bewerbe mich bei allen möglichen Literaturfestivals, Agenturen und Kulturhäusern. Und tatsächlich werde ich auch hie und da gebucht. Außerdem lasse ich ein paar hundert Bücher mit meinen Geschichten drucken. Und ich kontaktiere die Veranstaltungshäuser, in denen ich auf der Tour mit den Bang Brothers aufgetreten bin. Biete ihnen an, bei ihnen zu lesen. Keine Gage, nur Anfahrt, Unterkunft, drei Freibier, 50 Prozent vom Eintritt und das Recht, meine Bücher verkaufen zu können. Zehn sagen zu. Also gehe ich wieder auf Tour. Diesmal allein. Tatsächlich komme ich mit den Einnahmen aus Eintritt und Buchverkäufen ganz gut über die Runden. Nach meiner Rückkehr schaffe ich es, zwei Dachauer Buchläden davon zu überzeugen, mein Buch in ihr Angebot zu nehmen. Außerdem nutze ich meine Kontakte zur örtlichen Presse und kann die eine oder andere wohlwollende, weil von mir selbst verfasste, Buchkritik lancieren.

Dann kontaktiert mich ein gewisser Heribert Hintermoser und will mich für ein Festival im bayerischen Oberland buchen. Wow, das Oberland will mich hören. Wusste gar nicht, dass die sich für Literatur interessieren. Vielleicht brauchen sie da einfach jemanden, der ihnen was vorliest, weil sie es selber mit Buchstaben nicht so haben. Ich sage zu.

Der zehnte Mann

Wieso mache ich das eigentlich? Ich meine dieses brotlose Herumschreiben und all diese erniedrigenden Abende auf Lesereisen. Wie jenen vor ein paar Wochen. Da hatte ich einen Auftritt in Bad Kotzen an der Hintergrint. Der örtliche Kreisheimatspfleger hatte mich im Rahmen eines mehrtägigen Musik- und Kulturfestivals namens „Highlights an der Hintergrint" gebucht. Am selben Wochenende spielte ein Haufen bayerischer Bands, die meisten davon auf einer großen Bühne auf dem Marktplatz. Ich lief im Rahmenprogramm und sollte zusammen mit einigen Poetry Slammern aus München in einer finsteren Kellerbar namens „Die grintige Gerti" auftreten.

Das Publikum bestand aus etwa 80 Personen, mehrheitlich quadratschädlige Mannsbilder alpenländischer Provenienz. Der Großteil von ihnen war bereits lange vor Veranstaltungsbeginn schwer angetrunken, und der Rest gab sich allergrößte Mühe, den in Bad Kotzen offenbar als unerträglich geltenden Zustand frühabendlicher Nüchternheit ebenfalls schnellstmöglich zu überwinden. Wenn sie nicht gerade damit beschäftigt waren, sich eine Halbe Bier in ihren Kopf zu schütten, stierten die Männer grantig schwitzend vor sich hin oder warfen uns argwöhnische Blicke zu.

149

Die Poetry-Slammer und ich saßen an einem Tisch in der Ecke neben dem Ausgang. Jeder von uns hatte ein alkoholfreies Getränk vor sich stehen und erschien den Veranstaltungsbesuchern allein deshalb schon schwerstens verdächtig. „Könnte schwierig werden", seufzte eine kleine, blonde Slammerin und nippte nervös an ihrem Chai Tee. „Hab schon Schlimmeres erlebt", prahlte ihr Tischnachbar. „Ich auch, ich auch, ich auch", schlossen sich die anderen Slammer an. „Wird schon gut gehen", sagten sie und einer sogar: „Wirst sehen, das wird super. Heute rocken wir die Bude hier." „Okay, ihr habt sicher recht", ließ sich die Blonde überzeugen.

Ich weiß nicht warum, aber plötzlich musste ich an Brad Pitt denken. Der Brad Pitt spielt ja immer in großartigen Filmen mit, und einer davon ist schlichtweg ein Meisterwerk der Filmgeschichte und trägt den Namen World War Z. World War Z ist ein sehr realistischer Film, in dem sich eine gewaltige Horde Zombies anschickt, die Menschheit auszulöschen. Überall auf der Welt stehen die Menschen der tödlichen Zombie-Attacke hilflos gegenüber, nur nicht in Jerusalem. Brad Pitt ist ein Wissenschaftler, also in dem Film, und unter dramatischen Umständen schlägt er sich von New York über Südkorea nach Jerusalem durch, um ein Gegenmittel gegen das unaufhaltsam grassierende Zombienatentum zu finden. In Jerusalem empfängt ihn ein israelischer Oberst, und der erzählt ihm, warum es ihnen hier bis dato erfolgreich gelungen ist, sich vor den echt fiesen Zombies zu schützen. Der Grund sei das Prinzip des zehnten Mannes.

Meiner Meinung nach ist das Prinzip des zehnten Mannes eine der großartigsten Leistungen, die die menschliche Logik je hervorgebracht hat. Ich frage mich bis heute, warum es einen Zombiefilm brauchte, um es bekannt zu machen. Eigentlich gehört es in jedes geisteswissenschaftliche Einführungsseminar. Von mir aus können sie dafür den Thales von Milet streichen, den alten Knabenbumser. Oder den Sokrates, den alten Knabenbumser. Oder den Platon, den alten Knaben... Aber zurück zum Prinzip des zehnten Mannes.

Das geht so: Wenn neun saumäßig gescheite und gebildete Menschen hundertprozentig davon überzeugt sind, dass ein bestimmtes Ereignis völlig unmöglich ist, dann ist es die Pflicht des Zehnten, davon auszugehen, dass dieses als unmöglich erachtete Ereignis tatsächlich eintritt, und entsprechende Vorkehrungen zu treffen. Neun Experten, erzählt der israelische Militär dem staunenden Brad Pitt, seien der Meinung gewesen, dass ein Zombieangriff völlig undenkbar sei, also sei es seine Aufgabe als zehnter Mann gewesen, alle möglichen Vorbereitungen zu treffen für den Fall, dass es tatsächlich zu einem globalen Zombieangriff kommt. Also ließ er um Jerusalem herum riesige Mauern und Zäune errichten, um potenzielle Zombieangriffe abzuwehren.

Das mit den Mauern und Zäunen als Zombie-Prävention kann man jetzt durchaus als gewagte Interpretation des Nahostkonflikts kritisieren, und wer übel meinend ist, der könnte die Analogie „Palästinenser ist gleich böser Menschenfresser" herstellen, aber hey, das ist ein Zombiefilm und keine Moralfibel von Heribert Prantl.

Jetzt aber schnell zurück nach Bad Kotzen. Dort unten in der Grintigen Gerti kommt mir also auf einmal das Prinzip des zehnten Mannes in den Sinn. Ich zähle durch. Am Tisch sitzen neun Poetry Slammer und ich. Neun von zehn sind der Meinung, dass das heute ein netter Abend wird. Was soll ich als zehnter Mann also tun? Die anderen warnen? Ihnen sagen, dass das heute ganz, ganz bitter für uns enden wird? Dass akute Gefahr für Leib und Leben besteht? Die anderen würden mich für verrückt erklären. Oder noch schlimmer: Sie würden denken, ich sei nicht gut genug, ein Amateur, und hätte Schiss vor dem Auftritt. Brad Pitt flüstert mir leise ins Ohr: „Du bist der zehnte Mann, Mann. Hast Du nichts aus meinem Film gelernt? Es ist deine Pflicht, etwas zu tun. Sag was!" Also sage ich was: „Ihr habt recht. Wird sicher super heute." Dann kommt der Kreisheimatpfleger zu uns an den Tisch. „Griaß eich, Madln und Burschen, i bin da Kreisheimatpfleger Heribert Hintermoser. Ihr wisst`s die Reihenfolge, oiso dann fang ma o. I geh jetzad nauf auf die Bühne und sog wos zur Begrüßung, dann seid`s ihr dro. Werd scho schiaf geh."

Tatsächlich beginnt die Show gar nicht schlecht. Die Blonde ist als Erste dran und erzählt etwas von ihren Wünschen und Träumen und ihrer Sehnsucht nach Liebe und Weltfrieden. „Ja, Weltfrieden, aber net mit die Österreicher", ruft ein Betrunkener und bekommt frenetischen Applaus. Ansonsten verläuft der Auftritt der Blonden ohne weitere Störung. Ich finde sie süß. Bisschen naives Gedankengut, aber süß. Die Vorträge von Nummer zwei und drei werden höflich beklatscht, die von Nummer vier bis acht vom Publikum zumindest als beim Trinken nicht störend empfunden.

Dann ist Nummer neun an der Reihe. Als schriftstellerisch ambitionierter Mensch sagt man so etwas nicht gern über die Texte anderer Leute, aber der Vortrag von Nummer neun ist einfach phantastisch. Eine messerscharfe Gesellschaftskritik, gespickt mit feinem Humor und garniert mit grandiosen Einfällen, gewandet in eine bunte Fabel, in der allerlei ulkige Tiere auftreten, unter anderem ein schwuler Grottenolm, eine nymphomane Puffotter, ein impotenter Bonobo, eine Friedenstaube mit Tourette-Syndrom und ein Emo-Emu.

Ich bin begeistert! Auch das Publikum hat seine Trinkfrequenz reduziert und hört aufmerksam zu. Aber auf einmal plärrt von hinten ein Zuhörer: „Wenn des nächste Viech in Deiner G`schicht koa Woipertinger is, dann foit da Watschnbaam um." Nummer neun blickt den Zwischenrufer verständnislos an, dann fährt er ungerührt fort. Als Münchner ist ihm das Bayerische nicht geläufig, weshalb er sich der akuten Gefahr, in der er gerade schwebt, nicht bewusst ist.

Nummer neun hat nochmal Glück. In seinem Text kommt kein weiteres Viech mehr vor. Der betrunkene Zwischenrufer verzieht sich enttäuscht aufs Klo.

Dann bin ich dran. Eigentlich hatte ich geplant, „Am Wasserloch" vorzulesen. Aber darin kommen zu viele

Tiere vor, die keine Wolpertinger sind. Aus Sicherheitsgründen scheint es mir daher vernünftiger, Chapatuwattl vorzutragen. Anfangs läuft es ganz gut. Mit den französischen Schlampen und Aphrodites Bikinizone ernte ich vereinzeltes Lachen und einen begeisterten Zwischenruf: „Jawoi hä, Schlampen!"

Ich werde optimistischer. Zehnter Mann hin oder her, jetzt beginne auch ich zu glauben, dass wir den Abend gut überstehen. Dann kommt die Stelle mit dem Bärenangriff. Hugh Glass schleppt gerade seinen zerfetzten Körper durch die Wildnis, als plötzlich etwas neben mir auf der Bühne einschlägt. Ich erschrecke fürchterlich und schaue auf den Bühnenboden. Überall Scherben. Zuerst kann ich es nicht glauben. Da hat doch tatsächlich irgendein ein Voralpen-Arschlosch ein Glas auf die Bühne geschmissen. Von meinem Hut tropft Bier. Es war ein volles Glas. Der Werfer muss also wirklich wütend sein. Hinten plärrt wieder der Betrunkene: „I hob eich g`warnt! An Woipertinger woit i und koan Grizzlibär." Erst jetzt spüre ich einen stechenden Schmerz in der Hand. Aus ihr ragt eine Scherbe. Blut suppt auf den Bühnenboden. Mein Blut. Ich verliere die Fassung. Schreie den Werfer an: „Was bist denn du für ein beschissenes Rindvieh, du saudummer Bauerndepp!"

Rückblickend muss ich zugeben: Das war nicht klug. Ich hätte das in dieser Schärfe nicht sagen sollen. Denn schlagartig solidarisiert sich das gesamte Publikum mit dem saudummen Bauerndeppen. Und wenn ich an dieser Stelle das Wort „schlagartig" benutze, dann meine ich das nicht im übertragenen Sinn. Wütende Buhrufe. Ein weiteres Glas fliegt und zerschellt hinter mir an der Wand. „Der hoit si woi für wos bessas, der siebmgscheide Stodara", ruft ein Mann, der an einem Tisch direkt vor der Bühne sitzt. Nein, stimmt nicht. Denn schon sitzt er nicht mehr. Er steht auf. Springt auf die Bühne. Schwingt seine Faust, holt kräftig mit ihr aus und knallt sie mir mitten in die Fresse. Voll aufs Maul. Mein Kopf schleudert nach hinten. Ich sacke zusammen, falle vornüber vom Stuhl und knalle auf den Bühnenboden.

Ich muss an meinen Vater denken. Nein, keine Sentimentalitäten. Ich denke an einen Boxkampf, den ich zusammen mit meinem Vater im Fernsehen angeschaut habe, damals als Kind. Mike Tyson hatte seinem Gegner gerade kräftig aufs Kinn geboxt. Der Getroffene fiel nach vorne um. Mein Vater kennt sich gut aus im Boxen. Er sagte: „Wenn sie nach vorne fallen, stehen sie nicht mehr auf. Dann fährt das Hirn mit ihnen Karussell." Ich weiß nicht warum, aber irgendwie beruhigt mich diese Erinnerung. Ich muss also nicht mehr aufstehen. Soll das Hirn doch mit mir fahren, was und wohin es will. Am Boden liegend sehe ich noch, dass hinten im Raum ein Tumult ausbricht. Die Poetry Slammer versuchen zu fliehen. Ich hoffe, sie schaffen es. Dann verliere ich das Bewusstsein. Und wer bewusstlos ist, darf liegenbleiben.

Nachspiel

Was anschließend geschah, kann ich Ihnen also leider nicht als Augenzeuge schildern. Ich muss mich auf die Berichte anderer berufen. Als da wären: die Blonde, neben der ich aufwachte, der Zeitungsbericht im Bad Kotzener Tagblatt und der Befund des Kommunalen Krankenhauses namens Medizinisches Zentrum St. Johann an der Hintergrint.

Die Blonde:

Als ich aufwache, liegt die Blonde neben mir im Bett. Sie hat einen Verband an der Stirn. Ich frage sie, was mit ihr ist. Sie erzählt, dass einige der Poetry Slammer versucht hatten, das Publikum zu beruhigen. Nummer neun habe immer wieder „Gewalt ist keine Lösung!" gerufen. Er liege jetzt drüben auf der Intensiv, aber sie sagen, er werde es wahrscheinlich schaffen. Sie selbst habe versucht, über die Treppe ins Freie zu gelangen, aber der besoffene Wolpertinger habe ihr ein Schnapsglas an den Kopf geworfen. Nichts Schlimmes. Nur eine Schnittwunde. Sie habe das Zimmer neben meinem bekommen. Aber weil ich im Krankenwagen immer wieder irgendetwas von irgendeinem zehnten Mann gefaselt hätte und davon, dass die Zombies kommen und uns alle holen, habe sie es dort dann mit der Angst zu tun gekriegt und sich zu mir rüber ins Bett gelegt. Vielleicht sind es die Schmerzmittel, die meine natürliche Schüchternheit betäuben. Jedenfalls küsse ich sie auf ihren Stirnverband und nehme sie in den Arm. Flüstere ihr ins Ohr: „Sch, sch, sch, keine Angst. Es gibt keine Zombies." Sie schmiegt sich an mich. Wir schlafen ein, beziehungsweise ich werde wieder bewusstlos.

Bericht im Bad Kotzener Tagblatt:

Bad Kotzen – Die von unserem werten Kreisheimatpfleger Dr. Heribert Hintermoser erstmals veranstalteten Highlights an der Hintergrint waren ein voller Erfolg. Mit dem Festival ist es unserem beliebten Kreisheimatpfleger gelungen, großartige Kulturschaffende aus dem gesamten bayerischen Sprachraum in unserer schönen Stadt zu versammeln. Auf dem Marktplatz begeisterten so großartige Bands wie die 3.000 Djangos, Dreiviertelblut und Kofelgschroa.

Der absolute Höhepunkt der Highlights an der Hintergrint war aber natürlich der Auftritt der Spider Murphy Gang, die insgesamt 4.000 Besucher auf den Marktplatz lockte, so auch den Herrn Landrat sowie unseren Landtagsabgeordneten und sogar unseren hochgeschätzten Vertreter im Bundestag, Herrn Alfons Buderbick, der es sich nicht nehmen ließ, zurück in seine wunderschöne Heimat zu kommen, um zusammen mit ebenfalls zahlreich erschienenen Mitgliedern der Parteijugend lauthals und fröhlich Skandal im Sperrbezirk mitzusingen. Unser exzellenter Herr Landtagsabgeordneter Ferdinand Schleimeier zeigte sich so begeistert von den Highlights an der Hintergrint, dass er spontan ankündigte, sich selbstlos für eine künftige finanzielle Förderung des Festivals seitens des Bayerischen Kultusministeriums einzusetzen, natürlich nur sofern er im September wiedergewählt werde, was ja freilich niemand ernsthaft bezweifelt.

Seine Gegenkandidatin, Frau Waltraud Hangenhuber-Rubikov, ward übrigens während des gesamten dreitägigen Festivals nicht gesehen. Bis Redaktionsschluss erreichte uns eine Pressemitteilung ihrer Partei, dass sie ebenfalls zugegen war, um für die Förderung einheimischer Kulturschaffender zu werben, nicht. Der dagegen beliebte Herr Landrat Michael Mäuslein war indes zugegen und bereicherte das Festival mit einer viel beklatschten Spontanaktion, indem er sich barfuß in die vom Schmelzwasser noch eiskalte Hintergrint stellte, um dort zu grillen. Das von den Mitarbeiterinnen seines Parteibüros an die Festivalbesucher verteilte Grillgut spendierte übrigens der rührige Metzgermeister Adi Schädlbauer, der bei den Kommunalwahlen im September ja, wie jeder weiß, Bürgermeister der Gemeinde wird.

Insgesamt kamen bei dieser originellen Aktion übrigens 231 Euro Reingewinn an Spenden zusammen, den die großzügigen Stifter spontan an unseren Kreisvorsitzenden des Bayerischen Roten Kreuzes, den werten Herrn Gottfried Breikopf, überreichten (siehe ausführliche Reportage über die Grillaktion auf Seite 3 sowie Interview auf Seite 4). So war es für alle ein gelungenes Festivaldebüt, das schier nach Wiederholung schreit, um die Gastfreundlichkeit und die wunderbare Schönheit unseres Hintergrinter Landes dem restlichen Bayern und – man wird ja noch träumen dürfen – auch der gesamten restlichen Welt zu präsentieren.

Überschattet wurde der Glanz, der in diesen Tagen auf unser wunderschönes Bad Kotzen hernieder glänzte, nur von einem unerfreulichen und von Auswärtigen provozierten Vorkommnis in der ansonsten für ihre hervorragenden Quetschenmusik-Konzerte beliebten Kulturkneipe Die grintige Gerti. Als einer der von unserem werten Kreisheimatpfleger Heribert Hintermoser eingeladenen und aus dem städtischen Kulturetat bezahlten Auftretenden sich dazu bemüßigt fühlte, die Bad Kotzener Bürger als Zitat „beschissene Rindviecher und saudumme Bauerndeppen" zu bezeichnen, kam es zu einer spontanen, tumultartigen Gegenreaktion, bei der glücklicherweise keiner der ortsansässigen Veranstaltungsbesucher zu Schaden kam. Der werte Herr Kreisheimatpfleger garantierte in einer Pressemitteilung, die unsere Redaktion kurz vor Redaktionsschluss erreichte, dass er in Zukunft auf die Einladung derart provokativer Subjekte verzichten wird, und entschuldigte sich im Namen der Festivalorganisation für die entstandenen Unannehmlichkeiten und Sachschäden. Kreisheimatpfleger Hintermoser im Zitat: „Es ist immer ein Risiko. Manchmal wollen angebliche Künstler einfach provozieren, um auf sich aufmerksam zu machen. Dies werden wir hier aber nicht mehr dulden." Die Spider Murphy Gang habe sich im Übrigen äußerst angetan gezeigt vom wunderbaren Publikum in Bad Kotzen und erwäge einen erneuten Auftritt im kommenden Jahr. Das sind doch gute Nachrichten, wie immer zuerst zu lesen in Ihrem Bad Kotzener Tagblatt. Ihre Reporterin vor Ort: Heidemarie Hintermoser.

Befund des Kommunalkrankenhauses Medizinisches Zentrum St. Johann an der Hintergrint:

Der Patient Paul Schmerz wurde am 30.05. um 23.10 Uhr eingeliefert. Zustand: bewusstlos, blutend aus Nase und linker Hand, jedoch insgesamt stabil. Nutzung der Bewusstlosigkeit des Patienten zur händischen Korrektur des Nasenbeins. Anschließend Tamponade. Entfernen einer Glasscherbe aus dem linken Handrücken. Desinfizieren und Nähen der Wunde am linken Handrücken mit fünf Stichen. Aus jahrelanger Erfahrung, dass in dieser Region bei Auseinandersetzungen gerne auch zwischen die Beine getreten wird, prophylaktische Überprüfung des Intimbereichs: prächtiges Glied, unversehrt. Verlegung nach Station 3. Prognose: Vollständige Genesung.

Ja, liebe Leut`, mein Ausflug nach Bad Kotzen ist noch einmal glimpflich verlaufen. Und fragen Sie mich doch mal, wie das mit der Blonden weiterging? Schön, dass Sie fragen. Aaaaah, die Blonde. Als ich am nächsten Morgen aufwachte, lag sie noch immer an meiner Schulter und schlief. Alle fünf Sekunden gab sie ein süßes Grunzen von sich. Sie sabberte ein bisschen auf meine Schulter, was ich aber auch ziemlich süß fand. Die Medikamente halt. Gegen acht Uhr wachte sie auf. Sie lächelte mich an. Wir lagen noch eine Weile im Bett und sahen uns in die Augen. Irgendwann fing sie an zu grummeln. „Ach, ich muss jetzt langsam los." Um Neun müsse sie am Rathausplatz sein. Noch drei Wochen lang Deutschland-Tournee mit dem Slam-Bus. Aber wenn sie zurück sei, wolle sie mich wiedersehen. Unbedingt. Nur eines wolle sie vorher noch wissen: Wie denn die Geschichte mit Hugh Glass ausging? „Wenn du das wissen willst, komm in vier Wochen zu meinem Heimspiel in Dachau. Würde mich riesig freuen", sagte ich. Sie gab mir einen langen Kuss. „Dann bis in vier Wochen, zehnter Mann."

Ja, und jetzt sitzt sie da hinten an der Bar und sieht und hört mir zu. Wenn ich mich also frage, warum ich das hier mit den Lesungen und so mache, dann kann ich Ihnen sagen: Da hinten sitzt der Grund und es gibt keinen besseren. Was sagen Sie? Wie bitte? Sie ist nicht mehr da? Ist gleich nach der ersten Geschichte gegangen? Dann hat sie ja gar nicht mehr mitbekommen, wie die Geschichte mit Hugh Glass ausging? Wieso? Wieso mache ich das dann eigentlich?

Epilog

Ich muss zugeben, dass mich der vorzeitige Abgang der Blonden ziemlich getroffen hat. Bisher hatte ich eigentlich immer Lob bekommen für meine Geschichten. Und was macht die? Die dumme Schlampe geht einfach. Ich whatsappe an Norbert, ob er mir aus der Klapsmühle ein besonders originelles Schimpfwort für sie schicken kann. Wenn`s geht, so zwischen vier und sechs Zeilen lang. Er tut mir den Gefallen. Es ist ein wirklich grandioses Schimpfwort. Aber ich bringe es nicht über mich, es an die Blonde weiterzuleiten. Hebe es mir für ein anderes Mal auf. Vielleicht für einen Leserbrief, wenn ich mal schlechte Kritik bekomme. Ich organisiere eine neue Lesereise. 25 Lesungen in 30 Tagen. Die Einnahmen sind nicht schlecht. Aber ich glaube, dass sie besser sein könnten, wenn ich ein zweites Buch hätte. Damit ließen sich sicherlich auch die Online-Umsätze steigern. Ich brauche also ein zweites Buch. Brauche neue Geschichten. Am besten mit Herz. Ich muss nach Brooklyn.

DANK

Ich danke meinen Eltern Kurt und Rosmarie sowie meinem großen Bruder Ulli und seiner Frau Steffi einfach für alles. Nur dank ihnen kann ich so sein, wie ich bin, und so leben, wie ich lebe.

Ich danke Renate Jatzeck, Mike Berwanger, Kai Kühnel und Christoph Stangl von der Band Die Schönen und das Biest für die Auftrittsmöglichkeiten, die sie mir geboten und damit in mir die Lust am Auftreten und den Willen zum Schreiben geweckt haben.

Ich danke all den Freunden, Bekannten und Unbekannten, die mich nach meinen ersten Auftritten ermutigt haben, weiterzumachen. Hier erinnere ich auch gerne an Klaus Eckl, der mich aufforderte, ein Buch zu schreiben, dessen Lektüre ihm leider nicht mehr vergönnt war.

Ich danke Niels P. Joergensen und Kai Kühnel für ihre kompetente Beratung, ihre Unterstützung, Inspiration und Freundschaft.

Ich danke Nina Praun, der besten Lektorin, die man sich wünschen kann, weil sie nicht nur Probleme sieht, sondern Lösungen findet.

Ich danke meiner kleinen, süßen, wunderbaren und einzigartigen Tochter Marie-Theres für ihre Liebe, ihr Lachen, ihre Fröhlichkeit und Phantasie, die mich dazu ermuntert hat, auch meiner eigenen Phantasie freien Lauf zu lassen.

Band 1: Liebe, Tod und Tofu
Fernsehköchin Francesca Carlotti zwischen Mord und Nachschlag
Autor: Margot Jung

ISBN: 978-3981859096
1. Auflage 2017, Augsburg
3 H group GmbH
URL: www.3h-verlag.de

Band 2: Erfolgreich tot
Fernsehköchin Francesca Carlotti durchlebt mörderische
Tage auf Sylt
Autor: Margot Jung

ISBN: 978-3981859058
1. Auflage 2018, Augsburg
3 H group GmbH
URL: www.3h-verlag.de

David Novel

Gestrandet
in der
Zwischenwelt

Ein spiritueller Roman

Gestrandet in der Zwischenwelt
Ein spiritueller Roman
Autor: David Novel

ISBN: 978-3981859065
1. Auflage 2018, Augsburg
3 H group GmbH
URL: www.3h-verlag.de